サイバー企業戦略

DXを成功させる

Cyber Corporate Strategy

株式会社アドミン
代表取締役
山口知宏

現代書林

まえがき

「DX」「RPA」「テレワーク」——。

IT業界に関わっていなくても、こういった言葉を目にすることが多くなっています。なぜこの言葉が近年、取り沙汰されるようになったのでしょうか？

——それは時代が求めているからです。

今後、日本の人口が減ることは明らかです。その中でこれまで以上に生産性を上げなければいけないですし、同時にワーク・ライフ・バランスを高めた社会を造っていかなければなりません。

旧来のマンパワー頼りのやり方では、その実現が難しくなるのは当然です。今以上に生産性を上げるにはさらにマンパワーが必須であり、仕事が増えるとワーク・ライフ・バランスを高めることは難しくなるからです。ですが、企業のサイバー化を進めることで、その実現が可能になるのです。

私が代表取締役を務める「株式会社アドミン」は、リーマンショック直後の2009年3月に起業しました。リーマンショックの影響が残る荒れた経済状況、そしてコロナ禍を経るまでに、さまざまな環境の変化が起こりました。

創業当初は当然何の実績もなかったですが、10年以上生き残りを懸けて必死に食らいつき、経営に取り組んで来ました。そこで培ったノウハウも本書にまとめています。

常に時代が進んでいる世の中において、現状維持は後退と同じです。どんな時代でも生き残れる強い会社を造るには、テクノロジーを駆使して企業を抜本的に再構築することが必要です。

テレワークが推進されたタイミングも幸いし、時代に恵まれた「アドミン」は、いち早く完全キャッシュレス・ペーパーレス・オフィスレス・RPAの導入を実現。さらにシステムの改良を続け、2020年に完全なサイバー化を果たしました。

この度のコロナ禍は、私たちにとっても大変な試練ですが、見方を変えればこの上ない追い風にもなりました。このタイミングだったからこそ、当社の変化が正義になり、これを好機に変えて一気に成し遂げることができました。

しかし「サイバー化とはどういうものか？」というのが、まったくわからないという方もいらっしゃることでしょう。実際、「サイバー企業」の定義は、業界の中でさえ定まっていないのが現実です。

そのため、「サイバー企業化を進めたい」と考えていても、ある程度そのジャンルでの経験や試行錯誤がない会社では、「何をしたらいいかわからない」というのが実情ではないでしょうか。

当社もサイバー企業化を長足で進められたのは、ここ数年です。さまざまな試みを行い、日々その方法を進歩させています。

本書は、私自身の経験の中から学んできた「サイバー企業入門」をお伝えしていきたいと考え、執筆を始めたものです。

ぜひ、一緒にこれからの未来に向けて、新しい形を学んでいけたら幸いです。

２０２３年１月

株式会社アドミン 代表取締役　山口知宏

もくじ

第1章 なぜ今、サイバー企業なのか？ ——サイバー企業化の先にある未来

第2章 サイバー企業となることで得られるメリット
——非サイバー企業がこれからぶつかる壁とは？

第3章 サイバー化を実現する方法
——具体的なメリットを掴む

第4章

実践！サイバー仕事術
――サイバー化を進める時に押えておくべきポイント

第5章 これからの社会はどうなるか、そこで何をすべきか ── これから私たちがやろうとしていること

第1章

なぜ今、サイバー企業なのか？

――サイバー企業化の先にある未来

「サイバー企業」とは?

「サイバー企業」という字面を見ると、「冷たそう」「人間味がない」「社会から人の温かみがなくなってしまう」など、アレルギーを感じる方もいるのではないでしょうか。

しかし、それは誤解です。逆に、人間が人間でなければできない、より人間らしい働き方ができるようになるためにサイバー企業化というのは必要です。というより、必然的に社会がそう変わっていくのです。


私は高校2年生まで、勉強が好きではない学生でしたが、途中から考え改め、勉強を始めて情報工学系の専門学校を卒業後、就職経験ゼロで「アドミン」を立ち上げました（詳細は後述します）。そして現在、当社はＩＰＯを目指せる株式会社に成長しました。

それはＩＴ技術が進化し、社会のほぼすべてのものがサイバー化していく、という流れに乗れた、というのが大きいです。

この章では、なぜ今、時代がそういう動きをしているのか、どうして私が、サイバー企業化を進めるべきだと主張するのか、その説明をしていきます。

「サイバー企業」の定義

「サイバー企業とは何か？」と聞かれた時、私は「人間とプログラムが共存する会社」と答えます。

さらに、「どういう条件を満たしていれば、人間とプログラムが共存できているということになるの？」という質問には、「ペーパーレス・キャッシュレス・オフィスレス」が実現された上で、「全員テレワーク」と「RPA導入」をはじめとする「自動化」がなされていれば、それは完全な「サイバー企業」と言える、そう答えます。

もう一度整理すると、私の考えるサイバー企業の条件とは、次の通りです。

1 紙がない　2 現金を使用しない　3 オフィスがない　4 テレワークが主体　5 RPAが導入されている

この5つを満たしていれば、サイバー企業です。

サイバー企業化の目安となる「5つの項目」は、組み合わせで相乗効果を発揮する

サイバー企業化の目安となる5つの項目は、それぞれ一つの項目だけを果たして終わり

にしてはいけません。なぜなら、1項目だけ成し遂げたところで止めるともったいないからです。

例えば「ペーパーレス化」「キャッシュレス化」だけでは、それで確かに便利にはなりますが、サイバー化の本当の形は実現できません。それは、それぞれが絡みあうことで、単体の何倍もの効果を発揮するからです。ですから、サイバー企業を目指すなら、5つの要素を満たす形を実現するロードマップを作るべきなのです。

サイバー企業になるメリットとは？

サイバー企業化を実現するためには、越えなければならないことがいくつもあり、なにより思い切った決断が必要になります。

であれば、「別に今のままでもいいんじゃない？　特に困ってないし」となるのは、当然のことです。

確かに、今はまだなんとかなるかもしれません。ですが、5年先、10年先はどうでしょうか？

例えば、2010年頃を思い出してください。まさかYouTubeがメディアの中心になり、テレビが廃れ、AmazonなどのECサイトがここまで生活の中心になり、リアル店舗がどんどん消えていく有様を予想できていたでしょうか。

サイバー企業とDX（デジタルトランスフォーメーション）の関係

サイバー企業を語る上で「DX」を避けては通れません。「DX」は「デジタルトランスフォーメーション（Digital Transformation）の略語です。

なぜ「Transformation」が「X」に訳されるかというと、ここでの「Transformation」が意味する「変える、超える」という言葉は、英語圏ではしばしば「cross」という言葉で表現されるため、略語を作る時にこれを「X」と表現したからだとされています。

サイバー企業となるためには「DX」が必須です。

経済産業省の『DX推進ガイドライン』によると「企業がビジネス環境の激しい変化に対応し、データとデジタル技術を活用して、顧客や社会のニーズを基に、製品やサービス、ビジネスモデルを変革するとともに、業務そのものや、組織、プロセス、企業文化・風土を変革し、競争上の優位性を確立すること」とあります。

私の考え方でまとめますと「デジタル技術を用いて、製品やサービス、ビジネスモデルを変革すること」となります。

つまり、サイバー企業になるには、DXによる〝変革〟が必須、という訳です。

DXまでには〝段階〟がある

前の項で説明した通り、DXとは「デジタル技術を用いて、製品やサービス、ビジネスモデルを変革すること」です。変革はいきなりできることはなく、段階を踏みます。DX（デジタルトランスフォーメーション）はその3段階目となります。

1段階目が「デジタイゼーション」。これは、特定の業務をアナログからデジタル化することです。スキャナでの取り込み、クラウドFAXの活用、電子帳簿保存法への対応、Googleフォームでのデータ取り込みなどが当てはまります。まずはこの段階で「データを蓄積できる環境」を整えましょう。

2段階目が「デジタライゼーション」です。これは組織全体の業務フロー、プロセスをデジタル化されたものにしていく段階です。RPAやクラウド会計、クラウドPBX、BIツール、Slack（コミュニケーションツール）などの活用が当てはまります。ここで組織の生産性を高めるノウハウを蓄えます。

DXまでには段階がある

1段階

デジタイゼーション

“特定”業務のデジタル化

・ツールを使用して特定の業務をデジタル化する
・アナログの情報をデジタル化し、データを蓄積できる環境を整える

2段階

デジタライゼーション

業務フロー・プロセスのデジタル化

・組織全体の業務フロー、プロセスを最適化する
・デジタルツールを使用して組織の生産性を高めるノウハウを蓄える

3段階

デジタルトランスフォーメーション

製品・サービスのデジタル化

・ビジネスモデル自体をデジタル技術を用いて変革する
・デジタル中心の事業や商材を保有する

3段階目が「デジタルトランスフォーメーション」。つまりここで「DX」に至るということになります。ここまでいけば、デジタルを中心としたビジネスモデルに変革し、事業や商材もデジタルが中心にできています。

サイバー企業になろう、となっても「いきなりDXだ！」というのではなく、今自分たちがどの段階にあるのかを確認し、着実に工程を経てDXを実現させていくことが大事だと思います。

サイバー企業は都会になくてもいい

サイバー企業というと、東京の渋谷や六本木にあり、高いビルの上のほうにきらびやかなオフィスがあって……というイメージを持っている方もいるのではないでしょうか。

実は、それは当たっていません。逆に東京や大阪といった、「都会ではない」ほうがよいのです。オフィスがあってそこに自宅から時間を掛けて通勤しないといけないなら、そういう形はむしろ「時代遅れ」だと思います。

例えば、大きなビルにオフィスがあり、社員が1000人、と聞いた時には「すごい人数だ！」となるかもしれませんが、しょせん1000人です。ネット環境が整備され、システムができているなら、簡単にそれ以上の人数と繋がれます。

また、ビルの高層階から1階に移動するのも時間がかかります。でも今は、オンラインミーティングアプリを立ち上げれば、お互いがどこにいようが、目の前にいるように話ができます。画面共有できる分、対面よりいいです。しかもビル内だけでなく、日本全国、世界中ともパッと繋がる――。どう考えても合理的です。

ですから、サイバー企業には、もう現実空間の場所は関係ないのです。

人は人にしかできないことに特化すべき

私は、「人は人に向き合い、単純作業はプログラムにまかせるべき」と考えていますが、私が大きな声を出して言わなくとも、時代の流れで自然にそうなっていくでしょう。

今、プログラムによって簡略化できていることが日常のあちこちにあり、それがどんどん増えています。

例えば、消費税率が引き上げられた時に、飲食では店内食と店外持ち帰りで税率が違ったため、店側、特にレジの担当が計算作業に時間がかかり、混乱するのではないかといわれました。しかし実際は、機械がバーコードを読み「店内」「店外」のボタンを押せば、税率を間違えることがない、というシステムが普及し、スムーズな対応を果たせました。

これは一例で、面倒な収支の計算、間違いが許されない取引先への見積書の作成、給与計算など、どんどんプログラムによる自動化が進んでいます。

さらに、サイバー化が進んでいる会社なら、求人や商品の営業もプログラムによって行えるようになっています。これができれば、人間が面倒な仕事をやることがなくなります。

「そうなったら、人間の仕事がプログラムに取り上げられるんじゃないか」

そう考える方は多いでしょう。しかし、それは長い間、何か新しいテクノロジーができるたびに、それこそ何十年といわれ続けてきたことです。

しかし、それで人間の仕事がなくなったことがあるでしょうか？　むしろ、どこも人不足になっている状態です。

いつの時代でも、人には人がやるべき仕事があるのです。

・人がやるべき仕事とは、人と向き合う仕事

人がやるべき仕事とは何か？　その一つは「人に向き合う仕事」です。例えば、カウンセリングを受けるなら相手はロボットではなく人間のほうがいい、と思う方は多いと思います。

私は昔、バーで働いていましたが、バーは、お酒はもちろん、マスターやそこに集う人との会話を楽しむ場でもあると思います。

商品を企画したり、戦略を考えたり、ブランディングやプロモーションも人間にしかできません。単純作業はプログラムにさせればいい。人が単純作業に向き合うと、その時間がおろそかになってしまいます。

大事なのは、人をどう活かすかを考えていくこと

大事なのは、人手がいらなくなったからその人を切り捨てる、とならないことです。前の項でもお伝えしたように「新しい技術を導入したから人間がいらなくなる」となったことは、これまでの歴史上ないのです。そこで人材を活かすことこそ、サイバー企業のやるべきことです。

例えば、サイバー化によって浮いた時間で商品改良の研究をしたり、販売戦略を見直したりという形で、商品の価値も上げられるようにできるはずです。

とはいえ、実際には「単純作業だけやりたい」と言う人もいるでしょう。

新しい勉強をしてもらう仕組みを作るか、適所適材な部署に当てはめる社内制度を作る

かは課題です。

ともあれ、今のまま放置しておいてもいい、という話にはなりません。これから人口減少していくのですから、生産性は底上げしなければならないのです。

私がサイバー企業を目指した理由

サイバー企業についての最初の話が終わったところで、私の話をさせてください。

この話を聞いていただければ「そうか、サイバー企業は、そんなに難しいものではなく、誰にでもできるんだ」と最初の一歩を踏み出すきっかけになるのではないかと思います。

今でこそ、企業理念を立て、それに従って社会貢献を行い、実績を重ねて信頼を得られたことで官公庁の案件もいただいています。ＩＰＯも視野に入れられるようになりましたが、私には最初、何もありませんでした。

中学・高校と勉強らしい勉強をしたことがなく、ずっとゲームばかりやっていました。中学の頃は特にひどく、国語、数学、理科、社会、英語の5教科全部合わせて20点あるかどうかでした。

人より秀でたところは、人一倍体が丈夫で、小学生の頃からバク転もバク宙もできて、

50メートルを6秒台で走るなど、身体能力が高く、やたらにタフなことくらいしかありませんでした。

今になって考えれば「中卒でサイバー企業の社長」というほうが、高卒で……というよりもインパクトがあったかな？　と思わないこともありませんが。とにかく馬鹿ながら馬鹿なりに、高校は行かなければいけない、と思いました。

高校に行きたいとは思いましたが、そのための勉強をやろう、という発想にはならず、身体能力を生かし進学しようと考えました。この頃は、心底勉強をすることが嫌だったようです。

そうして体力面で頑張り、陸上の走り高跳びで市大会1位、県大会で3位に。その実績が功を奏したのか、なんとか瓊浦高校に入れました。

高校生になっても勉強はせず、身体能力があるから今度はインターハイを狙って、そのままアスリートか格闘家になろうかな、と本気で思っていました。持って生まれたフィジカルを生かして、水泳の25メートル自由形では水泳部員にも負けませんでしたし、体力を使って生きていこうと思っていました。

しかし、しばらく努力はしていたものの、学生特有のサボる期間が出てきました。時間を持てあますと、ふと我に返るタイミングがあるものです。ある時、「体を鍛えるのは、一生鍛え続けないといけないし、いずれ必ず衰えていく」、という考えを持つようになりました。

「1日サボると取り戻すのに1週間はかかる」。そう言われる世界に居続けるのは大変なので、何か別の方法を見つけたいといろいろ考えました。

勉強といえるものは何もやっていなかったので、自分の名前以外の漢字を書くのも怪しい。このまま社会に出るのはさすがにまずい、という危機感からとにかく必死でした。

ここで思いついたのが、ゲームが好きだから、コンピュータをやってみよう、ということでした。ゲームは、コントローラーで命令をインプットして、アウトプットが画面に出る――ということは、「ゲームもパソコンもITも同じなんじゃないか」、さらに「コンピュータの知識は一度学べば衰えない」と考えたのです。それが高校2年生の頃です。

一度決めると、思い込みが強い性質な上に、スーパー合理主義で行動しますので、授業とか全部無視して、そこからの高校2年・3年生の生活は、プログラムの勉強だけ、C言語というプログラミングの言語を、インターネットと書籍で調べて勉強を始めました。

それほど考えずに、C言語から始めましたが、これはストレートに今でも役に立ち続けています。それから長崎でコンピュータの専門学校に入学し、通い詰めました。その頃にPHPやSQL、JAVA、Visual BASICといった言語を一通り身につけていきました。

私があまりにも熱意を持って通うので、その年職場を辞めると決めていた先生が「キミが熱心に来るからあと1年やるか」となった、という話があったくらいです。

専門学校時代は、高校生の時以上に勉強をしながら、アルバイトをいろいろやって、例えばパソコンショップでパソコン修理のアルバイトをして、毎日パソコンの分解・組み立てをしていて、そこでハードウェアの知識を培いました。

ひたすら勉強しましたが、専門学校を卒業するタイミングで「リーマンショック」が起きました。就職状況も大変な影響を受けて、同じクラスの生徒が30人くらいで、2、3人しか就職できない、という惨状になりました。

私も「本当に一生懸命やったのに、このままでは働き先がない」と絶望しながらも、どうしたらいいか、と考えて検索していたら、どうやら今は、個人事業はポンと始められるらしい――。それを知ってGoogleで起業の仕方を検索したら、税務署で紙を1枚書けば起業できるというので、なけなしのお金をかき集め、20万円を創業資金にして、卒業の次の日、2009年に「アドミン」を起業しました。

私の知識は、全部Googleです。ネクタイの締め方からGoogleで学びました。

何もわからないうちに借金が増えていく日々

「創業した」と言ってもろくな仕事はないですし、アパートを借りるためには、敷金や手数料などを不動産屋に払う必要があるということも知らず、そこで20万円の半分以上を持っていかれて愕然としました。

パソコンは絶対に必要なので、残ったなけなしのお金で買える範囲で良いものを買い、専門学校であぶれていた仲間を、アルバイトとして2人雇いました。彼らに払っていたバイト代は、小遣い程度の額でしたが、それでも当時は大きい出費です。

2009年から2010年の頃は、いわゆるフリーランスとしてネットで仕事を探し、小さい仕事はやっていたのですが、報酬が安すぎて売り上げになりませんでした。

家賃も払えないので、昼間の仕事以外に、夜は学生時代からやっていた、カラオケバーでお酒を作るバイトを続けて、不眠不休で働きました。それでも借金は膨らんでいき、困り果てていたら、仕事で知り合った人に「お金がないなら消費者金融で借りたらいいよ」と言われて、A社で30万ほどお金を借りました。

「これは便利だ」と借り続けていると、たちまち限度額になったので、次はB社で借金。B社で借りたお金が返せなくなると、C社で借りて……と、働けど働けど、借金が増えていきました。

自分が中高の頃にやっていた陸上で考えてみると、陸上では頑張って走れば走るほど、残りの距離が少なくなって楽になるのに、今の状態は、頑張れば頑張るほど負債が増えて苦しくなる。「これは何なんだ?」と頭を抱えていました。

この頃の年商は50万円くらいです(年収はマイナス)。何が悪かったのか考えてみると、「何でもやります」と言って、安い単価仕事を片端から受けたことと、ITでの仕事の相場がわからないところと仕事をしていたことです。

この業界でよくある話なのですが、ITで作ったものの成果は、例えば車のように、はっきりした形がないので、その仕事にどれだけのエネルギーが費やされているかが、IT業界に馴染みのない人にはわかりにくいのです。

その頃は、チラシ制作、Webサイト制作、パソコンの修理販売など、何でもやっていましたが、必死の思いで顧客データを入力し、それを活用するデータベースを作っても「このくらいでしょ、はい1万円」と渡され、がっかりしたことは一度や二度ではありません。

転機になったのが2012年頃です。ツイッターで、アドミンの活動をツイートしていたら、それを見てくれた方が、とあるIT系のイベントに誘ってくださいました。

さらにいろいろ無茶な状況になっていた私を見かねたのか、常駐の仕事をいただきました。

世間では「常駐の仕事はキツいから避けるべき」という風潮がありますが、ある程度のギャラを安定してもらえるので、私にはとてもありがたい仕事でした。

収入が安定すると、人が雇いやすくなりました。元々やっていた仕事も増え、うまく回せるようになりました。

２００９年、２０１０年の頃は大変に苦しかったですが、その反面、試行錯誤を繰り返すことでノウハウが身についたのは確かです。

これはサイバー企業に限らず、どの分野にでもいえると思うのですが、いくら計画して座学でやったところで、実際に動かないと、本当の意味では身につきません。実戦でやれば、ノウハウが蓄積され、その過程で知らなかったことを知ることもでき、新しい情報が入ってきます。

家賃という固定費に困り果てていた時に、ビジネス支援プラザという施設があるのを知りました。長崎には1室1万円くらいで貸してくれる、インキュベート施設など事業サポートを行ってくれるシステムがあります。それを知った時、「起業時のアパート代いらなかった」となりました。

また、運転資金の借り入れで首が回らない状態だった私に「日本政策金融公庫で借り換えたほうがいいよ」とアドバイスしてくれ、公庫に駆け込んだことも大きい出来事でした。公庫で相談したら、親身になって借り換えを手伝ってくれて、それで状況が変わっていきました。

こういうのは、ネットでいくら調べてもわからないというのが、体験から学んだことです。やっていればよい方向に向かっていく、それが私のような体当たりスタイルの、大きなメリットだと思います。

私が折に触れて「失敗を恐れるな」と言うのは、そういう実体験があるからです。

これまで、たくさんの失敗を繰り返しました。しかし逆に、今のこの先が見えない世の中、私のような何もないところから始めた人間は、計画を作ろうとしても、先を予見することが無理ですから、体当たりスタイルでよかったと思っています。

西郷隆盛は、2回島流しになって死にかけてから、明治維新を起こして現在にまで繫がる社会の礎を作っています。

ドナルド・トランプは、3回自己破産して大統領になっています。スティーブ・ジョブズも、自ら創業したAppleを一度追放されています。

結局、覚悟があれば、いくらでも軌道修正はできる、ということです。本当にどうしようもなかった私でも、何とかなりましたから。諦めなければ何とかなるものです。

「長崎・出島」から発信することの意味

私たちは、長崎・出島から本当に日本を変えるつもりで活動しています。

アパートから移転し、出島のインキュベート施設で仕事を始めたばかりの時は、お金も仕事もなく、追い込まれて行き着いたという形でしたが、今考えると、それは偶然ではなく、必然だったと感じています。

出島には、鎖国をしていた江戸時代に、唯一開かれて、新しい知識を外から集め、日本全国に技術を発信していた歴史があります。

そのことから、国際的にも象徴的な情報発信の地になっています。おそらく全国の老若男女大勢が、日本史を通じて「出島は文化が入ってくる場所」というイメージを持っているのではないでしょうか。

長崎県や市も、新しいビジネスをしようとする事業者を補助するための施設を作る、といったところに予算を割き、宣伝していました。

その宣伝がなかったら、私も出島に来ることはなかったでしょう。おかげでそこから立て直すことができました。アドミンは寄生虫のように長い間インキュベート施設にいたので、レジェンド的な存在となっています。

最初から「よし！　出島だ！」という訳ではありませんでしたが、今考えると出島には歴史的背景があるからこそ、そこでやる意味があるのだ、と今は強く感じています。出島が持つ歴史は、**〝私たちはパートナーと共に世の課題に挑戦し続けます。そして、テクノロジーの発信拠点として社会の発展に貢献します〟**という当社の理念にも大きく影響を与えています。

現在は、新型コロナ禍をきっかけにテレワークが普及したことで、地方と東京の差が、確実に縮まりました。

もちろん、都会は重要です。人口が多いですから、クライアントも取引先も多いです。国との案件を進める時も、国会議員や官僚は関東に集中していますから、打ち合わせする時は東京のほうが、都合がいいです。

物理的な市場が東京や大阪、名古屋、福岡などにあるということは、これからも変わらないという状況はあります。

その上で、物理的な制約のない業務であれば、どこでもいいのではないだろうか、という状態になっていますから、普通にオフィスワーク中心業務を行うだけなら、今は中央よりも地方のほうがいいと思います。

長崎、そして日本の現状

2021年の秋、私にとって笑い事ではないニュースがありました。野村総研が発表した都道県別「デジタルランキング」で、長崎は日本で3番目にデジタル化が遅れていることが判明しました（これは2020年1月時点でのランキングで、7月には31位に浮上）。

これを見て「10年以内に、ベスト1位にする」というのが中期目標になりました。

当社は長崎県や長崎市の案件にも携わっているので、これは絶対に挽回しなければいけません。

日本全体を見ても、人口が減少していますから、サイバー化は進めないといけません。逆に言うと、サイバー化を進められるチャンスであるのに、「もったいないな」と思うところはあります。

人がたくさんいるところは、サイバー化の必要が低くなります。少し前に、インドのムンバイに行ったのですが、ホテルには門番が5人くらい、1階のフロアに30人くらいと、すごい数の職員がいました。エレベーターにはボタンを押すだけの係が一人いました。

人口が増加している国は、「マンパワーでどうにかしよう」と考えます。

さて、この章では、ざっと「サイバー企業とは何か」と「私という人間」について、それとこの本全体の大枠について述べさせていただきました。

次の章では「非サイバー企業がどうなるか」という予測と、これからの日本について、お話ししていきます。

第1章まとめ

サイバー企業になるために必要なこと

「サイバー企業」とは、次の5つの条件が導入されている企業

1 **紙がない**
2 **現金を使用しない**
3 **オフィスがない**
4 **テレワークが主体**
5 **RPAが導入されている**

「サイバー企業」には、DXによる変革が必須

DXとは「企業がビジネス環境の激しい変化に対応し、データとデジタル技術を活用して、顧客や社会のニーズを基に、製品やサービス、ビジネスモデルを変革するとともに、業務そのものや、組織、プロセス、企業文化・風土を変革し、競争上の優位性を確立すること」とされている（経済産業省『DX推進ガイドライン』）

DXへの道のりは3段階ある

1段階

デジタイゼーション
特定の業務をアナログからデジタル化し、「データを蓄積できる環境」を整える

2段階

デジタライゼーション
RPAやクラウド会計、クラウドPBXなどで組織全体の業務フロー、プロセスをデジタル化

3段階

デジタルトランスフォーメーション（ここで「DX」）
デジタルを中心としたビジネスモデルに変革し、事業や商材もデジタル化ができている

第2章

サイバー企業となることで得られるメリット

――非サイバー企業がこれからぶつかる壁とは？

サイバー化によるメリットを改めて知る

サイバー企業化は、望む・望まないに関係なく、もう自然に進んでいく段階に入っていると私は考えています。

そのほうが圧倒的に便利になり、仕事を効率的に進められるようになるからです。機械やプログラムができる仕事を任せることで、人にしかできない仕事に集中でき、ワーク・ライフ・バランスを高めながら会社の業績を伸ばしていくことができます。

この章では、サイバー企業となることで、どんなメリットがあるのか、具体的に述べていきましょう。

前章で「サイバー企業」の定義を「人間とプログラムが共存する会社であり、ペーパーレス、キャッシュレス、オフィスレスで、従業員は全員テレワーク、RPAの導入をはじめとする自動化がなされ、業務効率化が図られていること」と、とお答えしました。

また、これら5つの要素は、互いに影響し合い、相乗効果でその力を発揮していくとも説明しました。最初は少しずつでも、最終的にはできるだけ多くの部分を、サイバー化するべきといえます。とはいえ、一つずつでも、それぞれにサイバー化によるメリットはあります。

サイバー企業化を推進する過程で、財務三表が改善する

経営者の大切な仕事の一つに、決算に向けて「財務三表を作ること」があります。

財務三表とはすなわち、資産・負債・純資産が記された「貸借対照表」、費用・利益・収益が記された「損益計算書」、営業活動・投資活動・財務活動のキャッシュ・フローが記された「キャッシュ・フロー計算書」のことです。

サイバー企業化により、DXを推進することで、コスト削減が行われ、生産性が向上することで、この財務三表がすべて改善されます。

すると、企業の収益性・効率性・安全性・生産性・成長性といった財務における重要要素が、すべて向上させられます。

健全な経営、未来へ向けての発展性を確実なものにするために、DXは必要なのです。

DXの推進で財務三表が改善される

貸借対照表
(B/S:Balance Sheet)

損益計算書
(P/L:Profit and Loss Statement)

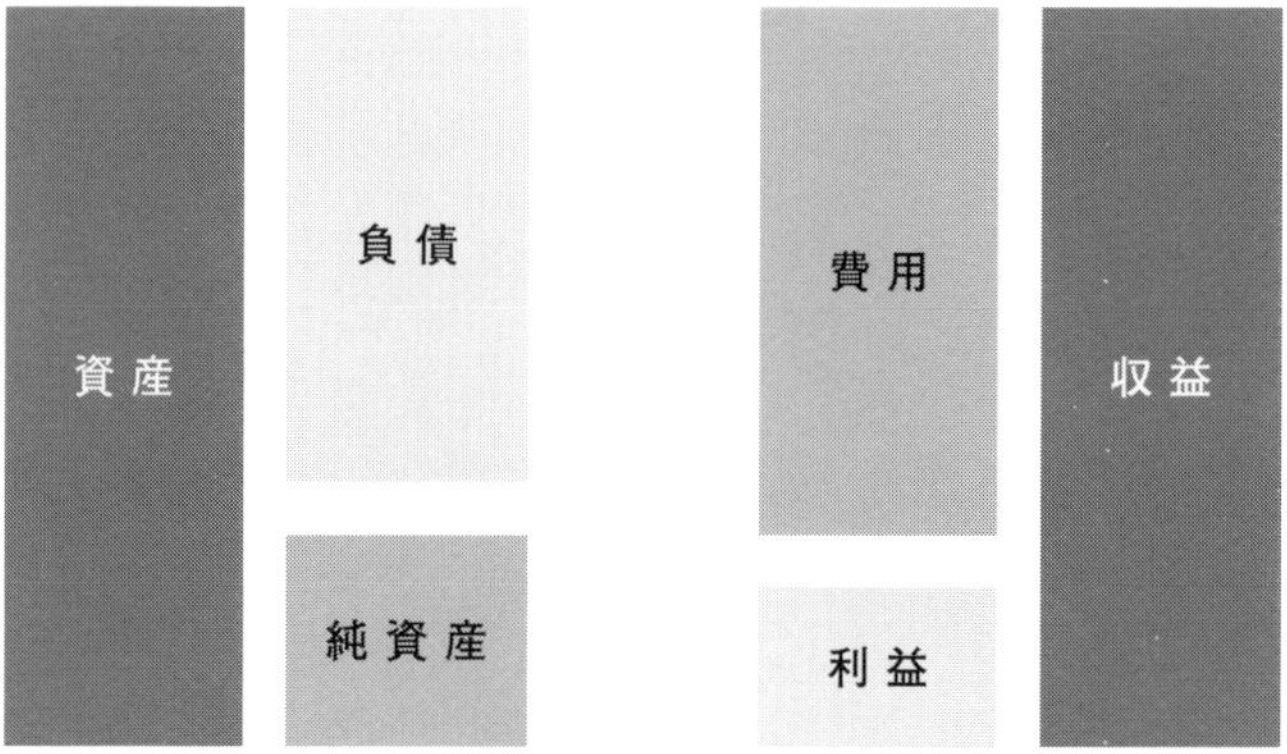

貸借対照表は、借方と貸方を比較対照して、ある時点(期末)における会社の財政状態を表す資料。財政状態とは、企業の資金調達状況とその運用状況を意味する。貸借対照表の借方(資産の部)は、企業が集めた資金の使途状況を表し、貸方(負債の部、資本の部)は、企業が集めた資金の調達源泉を表している。貸借対照表の右側と左側の合計は、必ず一致するので、貸借対照表は「バランスシート(B/S)」とも呼ばれている。

損益計算書は、会社の一定期間(一事業年度)の会社の経営成績を明らかにするために作成される計算書であり、収益・費用・利益が記載されている。当期の収益と、それに対応する費用を示すことで、その差額として当期純利益の額を計算。その会社が「どれだけの利益を上げ、損失が生じたのか」がわかるので、会社の「収益性」の分析に役立つ。英語の「Profit and Loss Statement」を略して「P/L」とも呼ばれる。

キャッシュ・フロー計算書

（C/F:Cash Flow Statement）

営業活動による
キャッシュ・フロー

投資活動による
キャッシュ・フロー

財務活動による
キャッシュ・フロー

キャッシュ・フロー計算書は、その名前のとおりキャッシュ（資金）のフロー（流れ）を表した会計書類。会計年度中に、どのような理由でどれだけのお金が入ってきたのか、そして、出ていったのかを営業活動、投資活動、財務活動のそれぞれ区別して表示。英語の「Cash Flow Statement」を略して「C/F」と表記されることもある。

DXを推進する過程で、コスト削減や生産性向上の効果により財務三表がすべて改善される。すなわち、財務分析における収益性、効率性、安全性、生産性、成長性のすべてが向上することに繋がる。健全かつ将来、発展性のある企業にしていくためにもDXは必然。

銀行の格付けを上げることの重要性

財務三表の内容を改善すると、企業の収益性・効率性・安全性・生産性・成長性がすべて向上し、企業の信用度が増します。

そうすると、銀行の「信用格付け」が上がるのです。スコアリングともいわれるこの要素は大変重要で、融資の審査をする時に、8割は信用格付けで決まるともいわれています。

これについては各銀行で独自の査定があり、10~20段階で評価されます。

格付けが上がると、融資を受けやすくなる、融資枠が広がる、金利の低い好条件で借り入れができる、無担保・無保証で借りられる、と多くのメリットが得られるのです。

・会社経営をする上での「融資」の大切さ

特に日本では「借金」という言葉が嫌われており、それが故に、無借金経営にこだわる人も多いです。

ですが、現実的に会社を運営していく上では、よりよい設備を入れるにも、店舗を増やすにも、新しい事業を始めるためにM&Aや新しい人員を雇う時にも、融資による資金調達は必須になります。それによって売り上げは上がりますし、資産も増えるのです。

DXで銀行の格付けが上がる

格付けのスコアが高い	格付けのスコアが低い
・融資を受けやすくなる ・融資枠が広がる ・金利の低い好条件で借入ができる ・無担保・無保証で借りられる	・融資が受けられない ・融資枠が狭くなる ・借入できても金利が高い ・担保・保証人を求められる

信用格付け（スコアリング）の参考表

格付け	内容	債務者区分
1	リスクなし	正常
2	ほとんどリスクなし	正常
3	リスク些少	正常
4	リスクあるが良好水準	正常
5	リスクあるが平均水準	正常
6	リスクやや高いが許容範囲	正常
7	リスク高く徹底管理	要注意・管理債権
8	債務不履行or重大な危険性	要注意・管理債権
9	債務不履行、解消の目途なし	破綻が懸念される
10	回収の見込みなし	破綻先

注：内容は銀行によって異なる

そうして生まれた利益が、借金の利息を上回っていれば何の問題もありません。持続的に利益を出し続ければ、借金を恐れることなどないのです。

・銀行融資は悪ではない、個人消費の借金とはまったくの別物

日本では「借金はよくないこと」と子どもの頃から教育され、ネガティブな印象を持っています。反対に、投資や融資についての教育はこれまではほとんどなく、借金＝悪という認識がいまだに強いです。

確かにギャンブルや浪費のための借金は悪ですが、個人消費の「借金」と事業経営における「銀行融資」はまったくの別物であることを理解すべきです。

リーマンショック直後、多くの老舗企業が黒字倒産しました。その主な原因は、「売掛金や棚卸資産の増加で資金繰りが悪化した」からでした。会社は赤字だから倒産するのではなく、現金がないから倒産するのです。

銀行融資は会社を守るための保険と同じです。金利＝保険料と解釈し、有事の際でも絶対に倒産しない会社を造りましょう。

・銀行融資は剣であり盾でもある

銀行融資によって選択肢の幅が広がり、事業拡大をすることが可能です。「融資によって余剰資金が生まれる→投資ができる→売上・利益に繋がる→さらに融資を受けやすくなる」といった、事業における好循環を生むことが銀行融資の本質です。

そもそも「融資の利息＞事業による純利益」と、採算の合わないビジネスモデルであれば今すぐ事業を見直すべきです。

現状維持は「後退」と同じ。時代の変化に常に対応しなければ企業は生き残れません。銀行融資は事業拡大のための剣であり、会社を守るための盾でもあります。資本主義社会での生き残りをかけた競争において、丸腰で戦うような考えは改めましょう。

・増収増益は少しずつコンスタントに

銀行の融資審査の際は、前年度と比較して売上も純利益も増加している状態が理想であり、評価が高いです。

そのためにも大きく売上や利益が見込める時も、あえて調整や節税を行い、微増の増収増益で決算に着地することを推奨します。

大きく売り上げを上げてしまうと、翌年のノルマが上がってしまうからです。少しずつでもコンスタントに増収増益するのが、銀行と付き合う上で最も理にかなっています。

「固定資産」を所有せずに、「実質資産」に予算を割く

これまでは、会社を経営して順調に利益が上がっていると、自社ビルや工場など建設しよう、大規模な機器の導入を検討しよう、という考えになっていくのが一般的な流れでした。

ですが、サイバー企業ではそうはならず、「固定資産」を所有せずに「実質資産」に予算を割くことを基本としています。

ここでいう実質資産とは、「本来であれば資産に分類されるべき科目だが、会計のルール上、基準が存在しないため損金（経費）となるもの」です。つまり、貨幣を尺度とした経済的価値を評価できないが、企業に将来的に収益をもたらす「実質的な資産」の役割をもっているものを指します。

例えば「社員教育」は実質資産と呼べます。社員教育は外部講師をお招きしたり、講習会やセミナーに参加したり、スクールに通ったりして、社員に新たなスキルを習得させ社業に活かしてもらう取り組みを指します。学んだスキルを活かして既存の事業の業績を伸

ばしたり、新規事業を立ち上げたりして将来的に会社に収益をもたらすことが期待されます。これは本来であれば貸借対照表（B/S）の「無形固定資産」です。

無形固定資産とは、長期間にわたって所有または利用する「具体的な形がない資産」のことです。ところが成果を経済的価値として評価する基準がないため、社員教育にかかったお金は、「全額、その年の損金、経費」になります。したがって利益が出ている会社が社員教育をすると、「節税」にも繋がります。

先ほど教育を例に挙げましたが、物品やソフトウェア、各種データに関しては10万円未満のものに予算を調整しましょう。これは「少額減価償却資産」として適用されるためです。10万未満のものであれば、その年の損金（経費）として扱えるため利益を出している会社であれば節税の手段としても活用できます。

それでは、具体的に私が推奨する「実質資産」を紹介します。

①ICT機器

近年のICT機器は基本的に10万円未満で高スペックのものを購入できます。ICT機器は人間のように教育の必要がなく、たとえ人員の入れ替えがあったとしても常に一定間隔で成果を出してくれるパフォーマンスの高い実質資産です。ICT機器に出し渋る経営者の方もいますが、投資に対するリターンは明確ですので、迷わず予算を投下すべきです。

パソコンは自作パソコンをお勧めします。10万円未満で高スペックに仕上げることができ、コンピュータリテラシーも向上する上に、トラブル時のメンテナンスも容易になります。さらには内部部品を規格化できるので企業内での流用も可能になり、総合的にコストを下げられます。

具体的なＩＣＴ機器は、パソコン、スマートフォン、メカニカルキーボード、タブレット端末、ディスプレイ、マウス、スキャナー（ＯＣＲ機能付き）などです。

②ＢＩツール（詳細は１４５ページ参照）

10万未満であれば同じく全額を一括損金として算入できます。オリジナルでシステム開発すると予算オーバーしてしまいますので、Googleデータポータルを活用して制作する事をおススメします。制作はアウトソーシングしましょう。外注費として損金計上できます。

そして一度制作してしまえば、半永久的に壊れませんし、ＢＩツールはメンテナンス等の調整がほぼ無いです。経営判断の際に必須となる貴重な実質資産として半永久的に活躍し続けます。

③ＲＰＡ（詳細は70ページ参照）

ＧＵＩ動作型のＲＰＡはWindowsのアップデートやアプリケーションのアップデートに応じて、こまめな調整が必要ですので自社で対応しましょう。ＧＵＩ動作型のＲＰＡを業者に依頼し、外注費として損金計上して同じく半永久的に動き続ける実質資産を構築しましょう。

④アルゴリズム制作とＤＢ設計

「アルゴリズム」とは、ソフトウェアの動作手順を計算式や操作の組み合わせとして明確に定義した設計書です。「ＤＢ設計」とはデータベースの設計書になります。データベースを導入すると、業務の情報が整理され、情報の検索や蓄積が容易にできるようになります。

通常この2つの設計書を基に「システム開発」が行われます。システム開発を10万円以下に収めることは不可能ですが、この設計書は規模により可能です。大規模なものであれば部分的に納品してもらえば問題ないです。完成されたソフトウェアは確実に資産計上され減価償却の対象となりますが、10万円未満の設計書は一括損金です。この設計書を元に改めてシステム開発を発注するもよし、内製化して自社で開発・管理するもよし、システム整備の選択肢を広げることが可能になります。

⑤ブランディングとプロモーション

製品やサービス、会社案内に関するプロモーションなどの1回限り、または短期的な広告の費用は10万円以上だとしても「広告宣伝費」として全額を損金算入できます。「広告費がかさむと製品の価格が高くなる」は間違いです。コストが上がるからといって価格が上がるというわけではありません。売れさえすれば一個あたりのコストは下がります。そしてPRや販売を通じてブランドが確立されます。これもまたお客様やファンの心の中に残る実質資産（実質無形固定資産）です。

⑥外部パートナーの予算を手厚く

プロパー（社員）も大事ですが、外部パートナーも大事にすべきです。それは仕事に対する報酬とそれに見合う対価をしっかり意識して責任を持って業務に臨むからです。さらには福利厚生や採用・教育コストを含め総合的に判断するといかにプロパーと比べてパフォーマンスが高いかわかります。「安く使い倒そう」という考えは絶対に持たず、真摯な姿勢で手厚い予算を割くべきです。そうして実務を通じて積み上げた「信頼」も実質資産（実質無形固定資産）となります。結果として有事の際に助け合える信頼関係が構築できます。

⑦仲間との絆

もちろん、プロパー（社員）との絆はとても大事です。信頼関係のない状態で業務に臨んでも多様化が進むこの時代、平気で「裏切り」や「不義理」を行うのも人間の特徴です。自分のさじ加減で勝手に辞めたり、責任を放棄されたら、これまでの大きく予算を掛けてきた「教育コスト」や「組織体制」が全て水の泡となります。プロパーとの信頼関係を築くべく定期的に「懇親会」を実施し、意見交換を行うなど、将来のビジョンを共有するべきです。外部パートナーが参加する場合も含め「福利厚生費」、「交際費」、「会議費」として損金算入が可能です。こうした培った「絆」こそが、最強の実質資産です。

繰り返しになりますが、サイバー企業は実質資産への予算投下を基本として推奨しています。節税効果が期待でき、貸借対照表の現預金の層も厚くなる上に、実質的な資産として将来収益をもたらしてくれるためです。

コンスタンスに利益を出していく際にも年々実質資産の恩恵が大きくなるため、経営も楽になり、非常に有効な手段といえます。サイバー企業へ転換し「利益体質」を目指すのであれば、固定資産の購入は極力避けましょう。

自社ビルを購入せず小規模賃貸やテレワークを、設備はリースに、生産をアウトソーシングするなどの工夫が必要です。そうして残した現金を実質資産に投下することをお勧めします。

「総資産」を上方向、「総資本」を下方向へ圧縮する

それでは具体的にどのように財務三表が改善されるのか説明しましょう。

まずは、貸借対照表（B／S）に対するDX効果をお伝えします。

前述した通り、現金がある会社は強いです。会社に現金があるかどうかは、貸借対照表（B／S）の「資産の部」の「流動資産」の科目のトップにある「現金預金」を見れば、一目瞭然です。

この数字に厚みがあれば、会社は倒産することはありません。また、その他の資産も含めて「流動性が高い」ほど、倒産しにくいです。ここでいう流動性とは現金化のしやすさのことです。

57ページの貸借対照表（B／S）の右側にある「負債および純資産の部」には支払手形、買掛金、経費未払金など、「資金をどこから、いくら調達したか」についての勘定科目が並んでいます。

この順番は、「資金調達が容易で、短期間で返す必要のある順番」です。上位の項目は、下位の項目より資金が調達しやすい代わりに、短期間で返す必要があります。

左側の「資産の部」には、現金預金、売掛金、建物、機械装置、土地、ソフトウェアなど、「集めたお金がどんな資産に変わったか」についての勘定科目が並んでいます。

この順番は、「短期間で現金化しやすい順番」です。現金をいくら持つか、固定預金はいくらにするか、機械を購入するかリースにするか、土地を所有するのか借りるのか。資金の調達額や資産の額が同じでも、勘定科目の振り分けが違えば、銀行からの財務評価（格付け）が大きく変わります。

また、貸借対照表（B／S）の左側は「総資産」とも呼ばれ、流動資産、固定資産、繰延資産を合算したものをいいます。対して右側は「総資本」とも呼ばれ、自己資本と他人資本を合計した総額のことを指します。自己資本とは純資産のことで、他人資本とは負債のことです。

これらを踏まえ、サイバー企業戦略としては、

総資産を上方向に圧縮する（上位科目を増やす）

総資本を下方向へ圧縮する（下位科目を増やす）

そして銀行の格付けアップを実現します。

総資産は固定資産（土地や建物など）よりも、流動資産（現金、固定預金、受取手形など）が多いと銀行の格付けは上がります。なぜなら、現金化しやすい科目が多いほど、貸し出したお金を回収しやすいからです。

DX効果の一つにプロモーション力の強化があります。プロモーション力向上により棚卸資産（在庫等）を捌かせることができるため、当座資産比率が向上します。結果として現預金のウエイトが大きくなります。

また、サイバー企業では固定資産の購入より、テレワークをはじめ各種シェアリングサービスやアウトソーシングをベースに予算を割くため、多くの現預金が残ります。このように、DXの過程でより上位の勘定科目を増やしていきましょう。

総資本は、資金を調達しにくい下位科目の数字が大きいほうが、格付けは上がります。短期借入金や買掛金よりも長期借入金が多いと、さらには長期借入金よりも資本金、利益余剰金が多いと信用力が高いとみなされます。

DX効果による銀行格付けアップにより、柔軟かつ低金利で長期借り入れが可能となり

総資産を上方向に圧縮、総資本を下方向へ圧縮

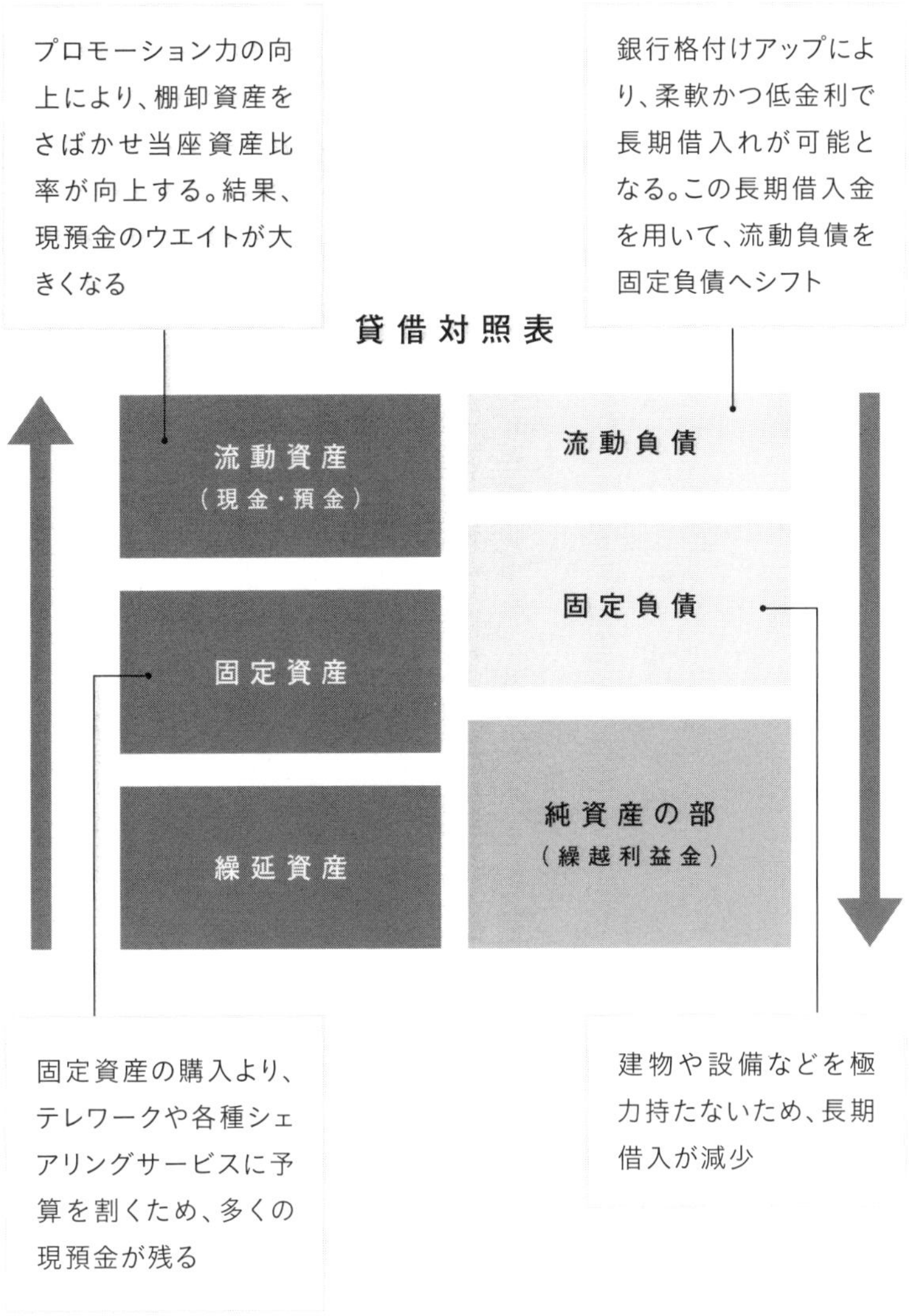
プロモーション力の向上により、棚卸資産をさばかせ当座資産比率が向上する。結果、現預金のウエイトが大きくなる
銀行格付けアップにより、柔軟かつ低金利で長期借入れが可能となる。この長期借入金を用いて、流動負債を固定負債へシフト
貸借対照表
流動資産
（現金・預金）
固定資産
繰延資産
流動負債
固定負債
純資産の部
（繰越利益金）
固定資産の購入より、テレワークや各種シェアリングサービスに予算を割くため、多くの現預金が残る
建物や設備などを極力持たないため、長期借入が減少

ます。この長期借入金を用いて流動負債を下方向（固定負債）へシフトしましょう。また、サイバー企業では建物や設備等を極力持たないため長期借入金の全体ウエイトは減少します。さらには後述する損益計算書（P／L）の改善により企業が利益体質へと変化するため、利益余剰金（内部留保）の増加が見込めます。

このようにDXの過程でより下位の勘定科目を増やしていきましょう。総資産を上方向に圧縮する、総資本を下方向へ圧縮する。これを徹底する事により結果として多くの現預金が残ります。安全性と発展性を兼ねそろえた企業体を目指しましょう。

コスト削減と生産性向上により利益体質へ

続いて損益計算書（P／L）に対するDX効果をお伝えします。

まず「費用」においてはデジタイゼーションの過程でオフィスレス、ペーパーレス、キャッシュレスが推進されオフィス代や倉庫代、プリンタ利用料、交通費等の多岐に渡るコストが削減できます。

これによりDXのインフラが整備されることで、シェアリングサービスを活用できる環境が整います。ひいては人材の直接雇用や設備投資の一択ではなく、人材や設備のシェア

当座資産比率の向上が可能になる

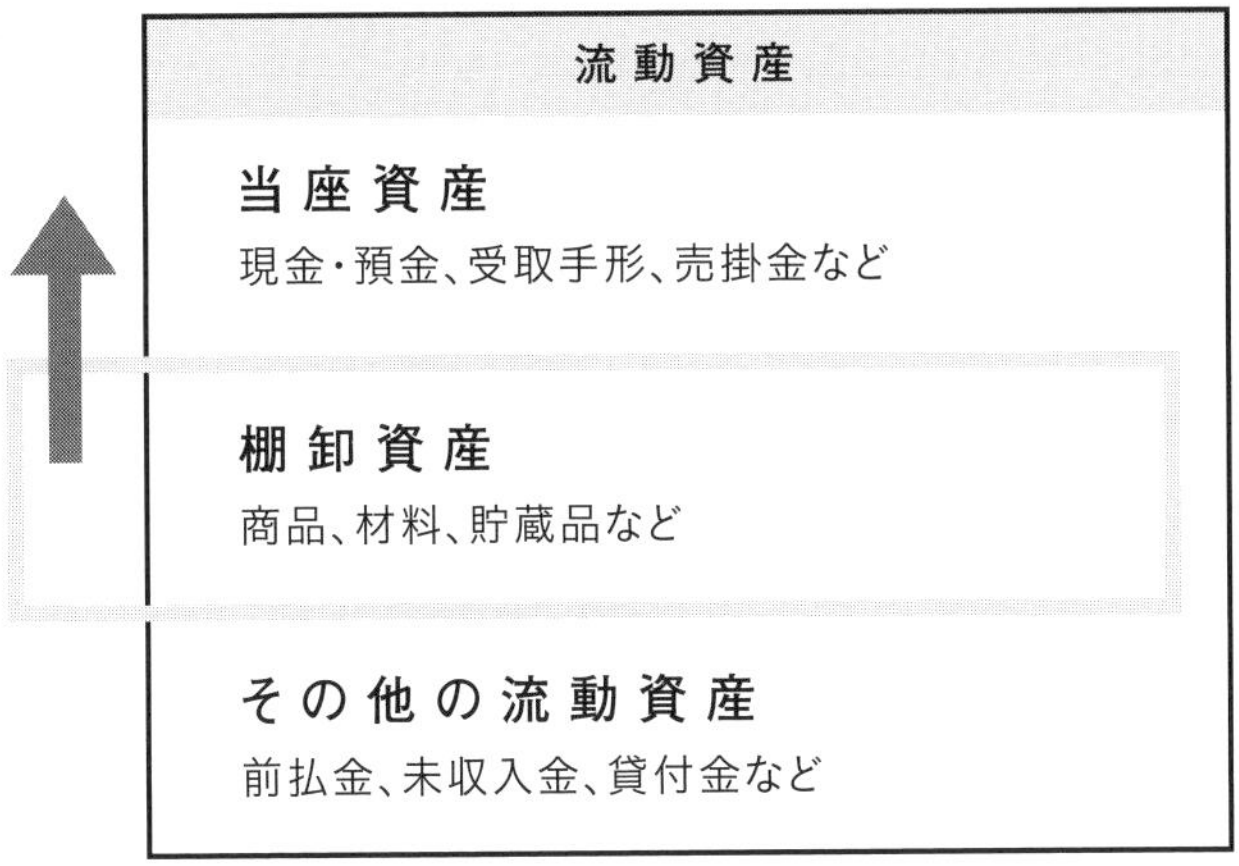

流動資産
当座資産 現金・預金、受取手形、売掛金など
棚卸資産 商品、材料、貯蔵品など
その他の流動資産 前払金、未収入金、貸付金など

マーケティング力の向上により、棚卸し資産（在庫など）をさばかせることができるため、当座資産比率が向上する

リングが可能になり、より多くの選択肢からコストを最適化できます。

「収益」において、サイバー企業では営業マンの育成ではなくブランドの確立やプロモーションに多くの予算を割き、特にブランディングを重んじます。自社の理念を通じて創ったサービスや商品を丁寧にPRしていきます。そうすることで企業のアイデンティティが濃くなりブランドが確立されます。

ここまでくると営業マンがいなくとも自動的に問い合わせ件数が増加し、併せてそこからの成約に繋がってきます。アドミンが創業当初より営業マンが一人にも関わらず増収増益を実現できているのは、ブランドを大事にしているためです。

コスト削減と生産性向上により利益体質へ

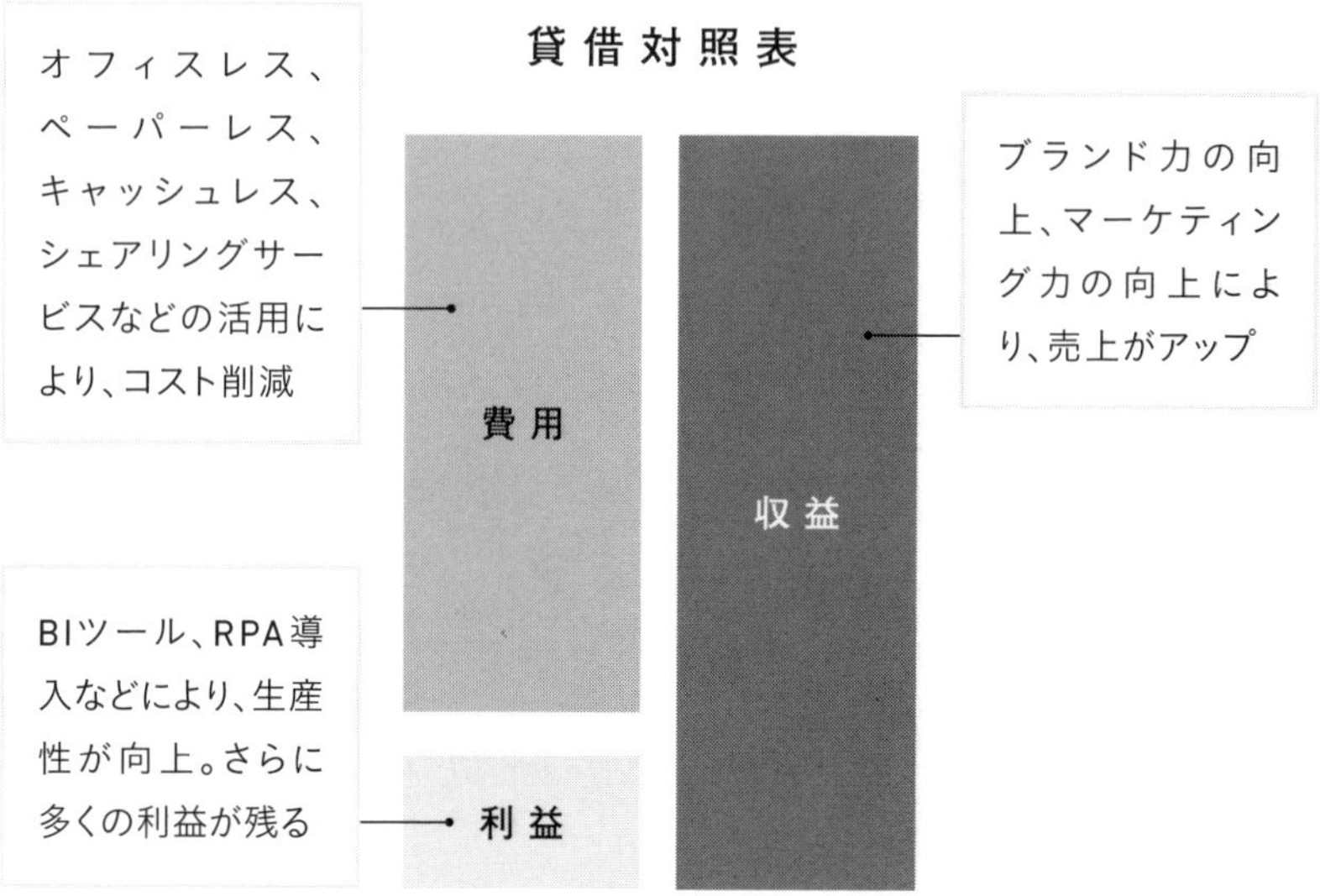
貸借対照表
オフィスレス、ペーパーレス、キャッシュレス、シェアリングサービスなどの活用により、コスト削減
費用
BIツール、RPA導入などにより、生産性が向上。さらに多くの利益が残る
利益
ブランド力の向上、マーケティング力の向上により、売上がアップ
収益

今一度自社のブランドと発信方法を見直し、収益拡大を目指しましょう。

「利益」においてはデジタライゼーションの過程でBIツールやRPAの導入により、企業の生産性が向上します。

BIツールでは企業活動の数値を「見える化」し経営においてのベストな選択を即断即決即実行することができますし、RPAにおいては人間の代わりに作業を行ってくれます。ひいては生産性が飛躍的に向上させることが可能となります。コスト削減、収益拡大、生産性、サイバー企業へ転換することで総じて「利益体質」となります。

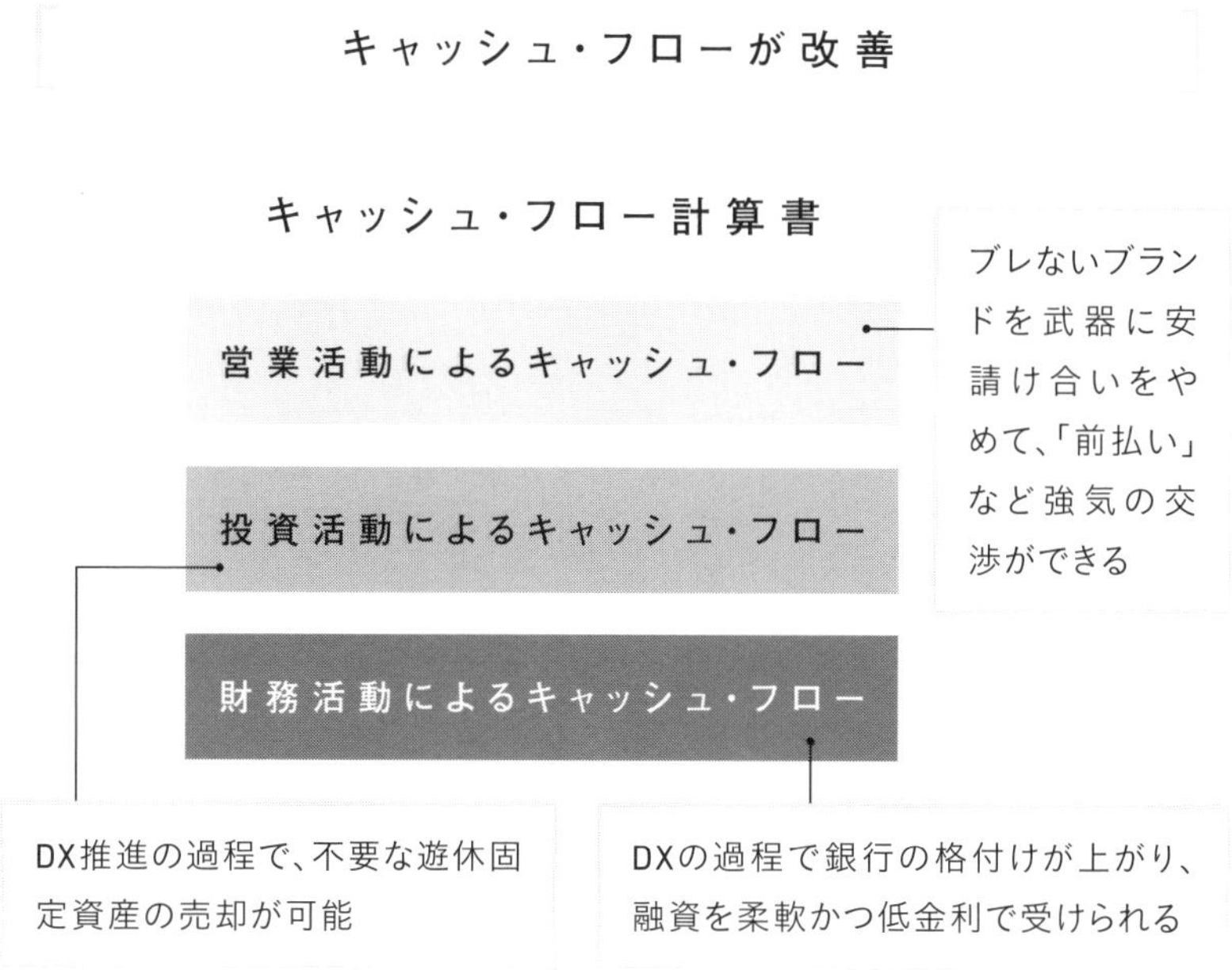
キャッシュ・フローが改善
キャッシュ・フロー計算書
営業活動によるキャッシュ・フロー
ブレないブランドを武器に安請け合いをやめて、「前払い」など強気の交渉ができる
投資活動によるキャッシュ・フロー
DX推進の過程で、不要な遊休固定資産の売却が可能
財務活動によるキャッシュ・フロー
DXの過程で銀行の格付けが上がり、融資を柔軟かつ低金利で受けられる

キャッシュ・フローの改善も実現

最後にキャッシュ・フロー計算書（C／F）です。

こちらにおいてもDX効果により改善が見られます。前述でも触れましたが、サイバー企業では通常の企業よりブランディングへの予算を多く割きます。唯一無二のブランドを確立することで、客先との取引条件の交渉の場面においても有利に働きます。

また、テレワークやシェアリングサービス、アウトソーシングの活用により遊休資産を含む有形固定資産の売却も可能となります。これまでお伝えしたとおりDXを推進する過程で銀行の格付けが上がり、融資を柔軟かつ低金利で受けることができます。すなわち、財務活動の場面でもキャッシュ・フローの改善が実現できます。

会社の数字を「見える化」することで、会議も意思決定もスムーズに

サイバー化により、会社経営に関する多くの数字が明示されます。これには、大きな意味があります。

というのは、これまでの中小企業の経営者は、経験や直感で経営判断を下す傾向があります。日本では、今でもいわゆる「ワンマン社長」がもてはやされる空気感がないでしょうか。小規模で、かつ経営者が現場についてよく理解しており、経営者と社員の歯車が噛み合っているなら、ワンマン社長でいいのではないか――と思われる方もいるでしょう。

しかし、この状況はよくありません。ワンマン社長の手腕で、ある程度は業績を伸ばせると思いますが、それはあくまで「ある程度」であって、人数が増えて部署が多様化してきたら、ワンマン社長と現場との間に伝達の乖離が発生します。

常に現場にいなければ、経営を主観でとらえきれないので、直感が機能しづらくなります。

また、どんなに優れた経営者でも、また直感が冴え、それを経験と結びつけて活かしていられる、いわゆるボーナスタイム的な状態、というのは永遠には続かないものです。

そこで、大事になるのが「数字」です。実際起こった事実というのは間違いないので、これをもとに意思決定をしたほうがいいのです。

数字と事実に基づいての意思決定には説得力があり、結果も伴います。

主観のみの判断で、自分はこう思っている、私はこう思っている、と（水掛け論）いうのは時間の無駄です。

特にサイバー企業になったなら、明らかにこうしたほうが結果が出る、という数字がBIツールでチャートを伴って提示されますから、それが自然に説得力のあるエビデンス（裏付け）となります。ですから「じゃあ、こうしましょう」と正しい判断の下に、一瞬で会議が終わります。

ですから、「見える化」はとても大切です。数字が見えることで会議時間が短縮され、正しい経営判断ができ、年間を通して業績に反映されます。

その結果、収入が増えて、社員の給料が増やせると、当然、モチベーションが上がります。

そうなると「ワンマンではなく数字を重視して結果を出した」という成功体験が根付く

ので、直感に頼ったものでない、これからの時代にも対応できる、好循環のループを作り出せるのです。

経費の大幅な削減が可能になる

キャッシュレスを実現することで、RPAによる会計計算・給与の効率化で人件費を削減し、オフィスレスにすることで家賃の節約ができます。

また細かいところでは、テレワークの推進やオンライン会議にすることで交通費の削減ができ、ペーパーレスにより紙代も節約できます。

オフィスの部分は特に大きいでしょう。家賃、管理費、修繕費、ローンの返済代など、大きな固定費を削減できます。

実際、新型コロナ禍による緊急事態宣言により、大都市の巨大ビルにオフィスを構えているのに、そこへ社員が通勤しないようになり、ただ家賃を無駄にするだけになっている、という状況があちこちで見られました。

今、オフィスを持つというのは、資産的、時間的、そしてワーク・ライフ・バランス的にもマイナスです。

ワーク・ライフ・バランスの充実に貢献できる

これもかなり大きな要素です。この本の中で繰り返しお伝えすることになりますが、人手が減る時代ですから、機械ができる作業は機械がしたほうがいいのです。

ひたすら書類を書き写したり、データを手動で入力し続けたりする作業に、貴重なマンパワーが費やされるのは本当に無駄です。

残業をしながら業務日誌を毎日一生懸命書き続け、とうとう息切れを起こして辞めるなど、本末転倒です。

そういう事柄は、自動化にすることで解決できるようにするなど、当然サイバー化したほうがいいのです。

今、目の前にいる顧客と向き合って、どうしたらその気持ちに応えられるかを考えたり、人を教育することに力を使ったりしたほうが、会社にとっても、働く人にとってもよくないでしょうか？

ただでさえ人が少なくなっているのに、貴重な人間のリソースと時間をとられてしまうのは大きなマイナスです。単純作業に忙殺されている人が4人いたら、その人員は、新しい企画や戦略会議、新たな商品やサービスの研究開発、品質向上に向けたクライアントへのヒアリング、社員のチームビルディングに割けるようになったほうが、成果は上がります。

単純作業＝人間らしくない、という訳ではありませんが、社会全体のバランスを考えると、そこに社員全員を割くというのはよくありません。

「自分は単純作業が性格に合っている。だから、自分から仕事を奪うな」と怒る人もいるというのも事実ですが、ただ、社会全体のバランスを考えると、単純作業はコンピュータに任せ、浮いた力を他に回すほうが成果は上がります。

完全テレワーク導入による、ワーク・ライフ・バランスの向上

また、当社はオフィスレス・完全テレワークを基本としています。

コロナ禍以降、テレワーク化が進んだことで、通勤ラッシュに巻き込まれる時間が減り、会社によっては通勤時間がなくなる、と通勤・退勤時のストレスが減っていることを体感されている方は少なくないでしょう。

化粧やヘアメイクなどの準備に時間がかかり、身支度に1日1、2時間費やす人もいるでしょう。

それをプライベートに割けるなら、必然的に幸福度も上がります。

まだ、テレワークに慣れない、ついていけないという年配の方もいますが、理解のハードルは昔よりは下がっていると思います。

すでに、みんなで集まって制服を着て昔ながらのやり方で、とも言っていられない現実がありますから、少しずつでも変えていく努力を始めるべきだと思います。

煩雑なこと、面倒なことをとことん簡略化でき、顧客層が拡大する

サイバー化は、物事を簡略化します。実際、ワクチンの予約を専用のWebサイトやSNSから取れたり、タッチパネルだけで行政の手続きができたりと、面倒な手続きの簡略化が行われています。

それによって、今まで「難しそう」「面倒そう」と避けていたようなことに、挑戦してみる人は増えていきます。

Amazonでの買い物も、はじめは「面倒そう」「よくわからない」「怪しい」などと、敬遠していた人は多いと思います。今はシステムが洗練され、Amazonでの買い物を「ポチる」と形容されるほどに簡単になったことで、ごく一般的なものになっています。

サイバー化が進むことにより、さまざまなデータが集められ、さらに研究され、社会に還元されていきます。サイバー化は、社会をアップデートすることにも役立ちます。

機械と人間の役割を分ければ、本当に必要な事柄が明確化される

単純作業を機械がやることで余裕が生まれると、見えてくるものがあります。それは「自分の会社の企業理念の本質」です。自分の会社でありながら、これがわかっていない人は多いと思います。

これを理解することで、どのような目的を掲げ、どんな視点を持ち、どうやってそれを実行していくかということと向き合い、いかにして社会に向けて価値を届けていけばよいかがわかります。

余計なこと、単純作業に時間をとられてはいけない。顧客と向き合って、どうしたら顧客の気持ちに応えられるかを考える。プログラムやロボットに、どんどん活躍してもらい、人間には余裕を持たせて、社会をよくすることを考えるべきなのです。

また、特に第1次産業の現場で見られることですが、後を継ぐ人がいない、人が採用できないから事業が継続できない、といった状況の改善も可能になります。

歳を重ねても体力が落ちても働ける場所を増やす

サイバー企業で活用されるソフトウェアの技術は、若くなければ覚えられないものではありません。仮に60歳を越えても習得できるものですし、それによって新しい仕事を獲得することも可能です。それに、体力が衰えようとも、知識や技術は衰えませんから、今からＩＴに強くなるというのは、これから先も仕事をしていくための、取り組みの一環です。

身体を壊して今までならもう働けないという状況でも、サイバー技術、ロボティクス技術があれば、働けるようになることもあるでしょう。

例えば介護の現場では、腰痛で離職を考えたことのある人が半数近くいるというデータがありますが、アシストスーツ（空気圧を利用した人工筋肉で動作をサポートする）があれば、仕事を続けることが可能になります。経験を積んだ人が現場に残れるようになり、利用者さんはこうしたら喜ぶ、こうしたら元気になるといった、経験から培ってきたことを後輩たちに伝承していけます。

ロボットやプログラム、システムが一部を補う体制を作ることで、歳を重ねても体力が落ちても引退の時期を伸ばせる、というのも見逃してはいけないポイントです。

サイバー化を支える「RPA」

さて、ここからは、少し踏み込んだ話をして行きましょう。

まず、サイバー企業を支える技術「RPA」についてです。

10年以上前からあったものですが、ここ2〜3年で最注目の技術といえる要素になってきました。

「RPA」とは「Robotic Process Automation」の頭文字を取ったもので、日本語だと「仮想知的労働者」となります。つまり、仮想世界の労働者、さらに端的に言うと「ソフトウェア上で動くロボット」です。

ロボット掃除機ルンバやペッパーくんのような、メカの身体があるロボットはロボティクスの領域であり、RPAというのは、プログラムの中で動いているものです。電子の世界でロボットが人間のように働いてもらっているとイメージするとわかりやすいでしょう。

一例としては、皆さんがパソコンを操作する時、マウスをスクロールしたり、キーボードで情報を打ち込んだり、テキストをドラッグ・アンド・ドロップする、といった作業を

RPAとは？

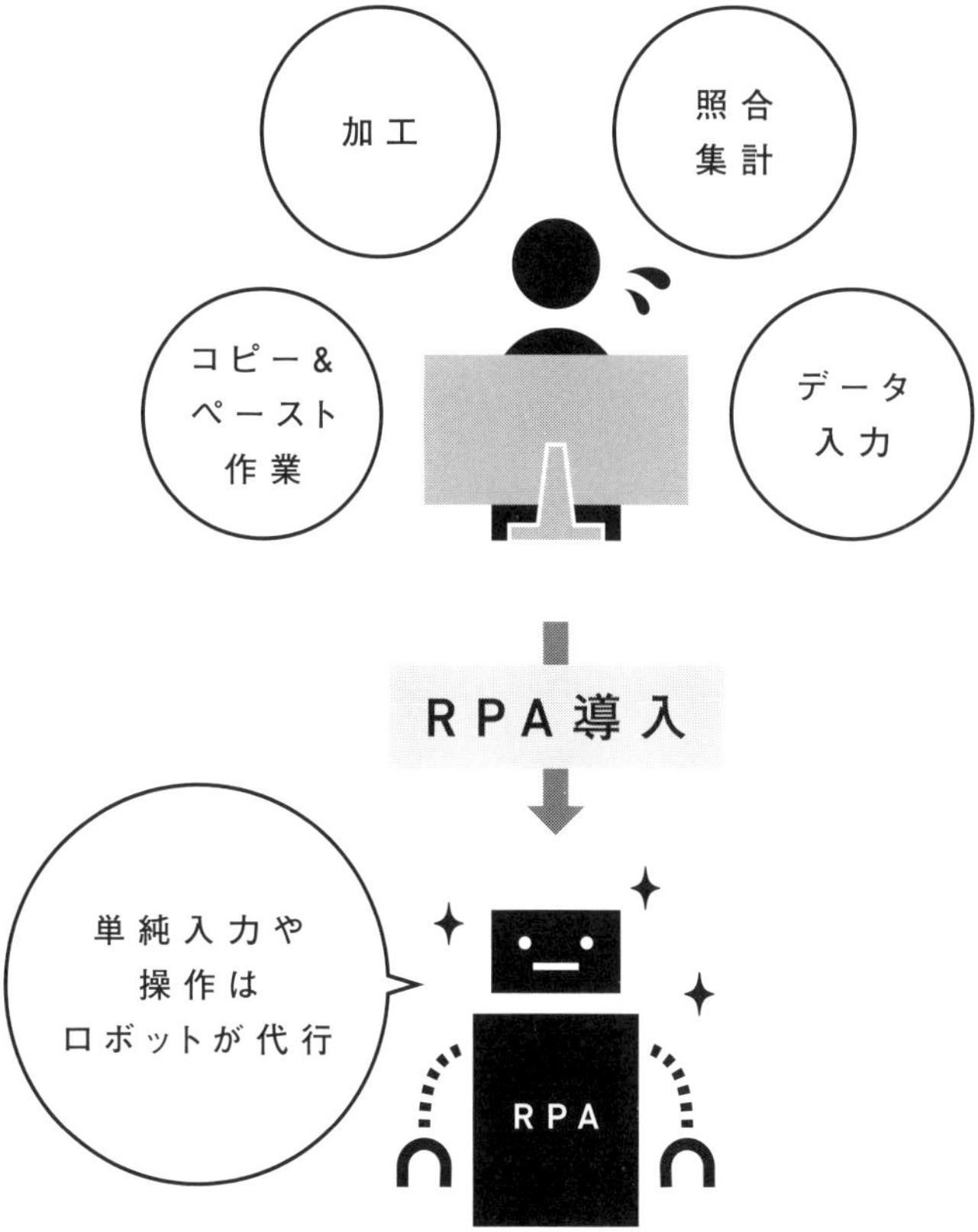

RPA（Robotic Process Automation＝ロボティックプロセスオートメーション）とは、人間がコンピュータを操作して行う作業を、ソフトウェアによる自動的な操作によって代替すること。主に企業などのパソコンを使った業務の自動化・省力化を行うもので、業務の効率化や低コスト化を進めることができる。RPAで作成したソフトウェアは比喩的に「ロボット」と呼ばれ、主に動作環境がGUIかCUIによって2系統のRPAに分かれる。

ソフトウェアがやってくれるようにするというツールです。マウスとキーボードでできることはすべて、RPAによって行うことができます。

今、このRPAは資料の自動作成やメール送信など、いろいろな企業で利用が広がっています。

Microsoftが提供するクラウドRPA「Power Automate Desktop」は、Windows上で行われるキーボード操作やマウス操作などの動作の組み合わせを、コードを書かずに自動化できるツールです。Windows10ユーザーは無料版を利用でき、使い勝手もいいと評判になっています。

アナログとデジタルを繋ぐ「OCR」の重要性

RPAの導入において重要な技術が「OCR（Optical Character Reader）」です。「光学文字認識」ともいわれ、紙などのアナログデータをスキャナーで読み込み、書かれている文字を認識してデジタルデータに変換してくれます。

これまで、アナログデータ（紙）をデジタルデータとして活用するには、人が文字を読み取り、データをパソコンに入力して文字に変換する必要があり、大変な手間が発生していました。

しかし、OCRを活用することで、手作業で行っていた伝票処理などの業務を自動化することができます。

また、テキストデータになることで、キーワードによるデータの検索ができるようになるほか、WordやExcelなどのデータにも変換できるので、書類の修正なども手軽にできるようになります。

RPAを理解する上での大事な要素「CUI」と「GUI」

それでは、それぞれを噛み砕いて説明しましょう。

・CUIは扱うのに知識と技術が要るが、動作が速く融通が利かせられる

RPAには大きく2つの方式、「CUI(Character-based User Interface)」と「GUI(Graphical User Interface)」があります。

この2つがどう違うのか、簡単に説明します。

「CUI」は文字しか入力できない、飾り気のない黒い画面に緑や白の文字で打ち込まれ

る形です。まさに「プログラムが動いている」という見た目になります。Windowsでは「コマンドプロンプト」から、この機能が呼び出せます。昔のパソコン画面は全部これでした。

飾り気の皆無な画面に、キーボードで文字を打ち込むだけで、ファイルを開いたりフォルダを作ったり、プログラムを動かしたり、というOS上でやっている操作が全部できるのです。

このプログラムは既存のCUIアプリでもいいですし、Python（パイソン）でも自由に作ることができます。Pythonは多機能で初心者でも入門しやすいプログラミング言語です。

CUIのコマンドは、バッチ（Batch＝「ひと束」「一群」「1回分にまとめる」という意味）で処理ができます。あらかじめ登録した一連の処理を自動的に実行する方式で、よく使われるものに「夜間バッチ」というのがあります。みんなが退勤した後に、バッチを実行すると、ファイルの整理やデータの集計（今日の売り上げや誰が何時間働いた、何時間残業した）ができるわけです。

CUIはバッチを使用しての自動化がしやすく、テキストデータの塊なので処理がとても軽く、プログラミングが得意な人には使いやすいのです。

・「GUI」はとにかくわかりやすい

「GUI」は、Windowsのような画面上で視覚的に操作を行うものです。この形式は、CUIとは比較にならないわかりやすさが特徴です。

コンピュータの画面上に表示されるウィンドウやアイコン、ボタンなどを使い、これらをマウスで選択し、コンピュータに指示を与えます。

まったくの素人でも取り掛かりやすいので、現在主流になっていますが、CUIに比べて、かゆいところに手が届かない傾向があります。

CUIとGUI、どちらがいいということはなく、どちらにもよさがあります。

麻雀に例えると、自動卓でやる麻雀は牌を並べ、機種によっては点数計算までやってくれるものがあります。GUIはこれに似ています。

CUIは、手積みで牌を習えて、自分で点数計算の方法も覚えていなければできません。

CUIを覚えた方が、システムの本質を理解できます。プロ雀士の方で点数計算ができない人はまずいないでしょう。運転も、ペーパードライバーもプロドライバーも、車が運転できるという点は変わりませんが、運転への理解度は違いますよね。

ですから、両方を学ぶのがベストです。

・プログラムとRPAの違いとは？

ここまでお話すると、「RPAって、昔からある『プログラム』と何が違うの？」という疑問が出てくるのではないでしょうか。

実は、RPAもプログラムです。正確には「プログラムを操作するためのプログラム」となります。

プログラムはやることが明確です。給与プログラム、会計ソフト、ゲーム、表計算、文章作成ソフトなど、それぞれ用途が決まっています。

RPAがそれと大きく異なるのは、汎用的にそのプログラムを操作する機能を持っているところです。

■人材育成にコストを使うか？　サイバー化にコストを使うか？

サイバー化の利点の一つに、人材育成にかけるコストのバランスを調整できるようになる、というものがあります。

人材育成はもちろん大事です。しかしそこにどれだけコストをかけられるか、というのがシビアな現実としてあります。

人材育成には、大きなコストがかかります。応募をかけ、何度も面接をし、多くのやり取りをしてようやく雇うことになり、経験なしの新卒では、ほぼ即戦力にはなりませんから、プログラムスキルを教えて、社会人としてやっていくのに必要になる営業についても学ばせて……と、会社側も本人もエネルギーを使いますし、時間もかかります。

実際、私が手塩にかけて1年かけて育てた新人が、ある日「ユーチューバーになろうと思います」と言って、辞めてしまった苦い経験があります。

現在、多様性、ダイバーシティという概念が一般化しています。突出した才能が輝く人がいれば、その影として、何の信念も教育もされていない、結果として無断欠勤や遅刻を繰り返す、社会人としての常識を守れない人も現実的にいるのです。

そういう人材に、コストと時間をかけた挙げ句、辞められてしまったら、言葉を選ばずに言えば、「まったくの無駄」になってしまいます。

一方、RPAで考えてみましょう。

RPAを動作させるために書いたコードは残ります。プログラムですからコピーができますし、それをベースとしてまた新しいRPAを作ることができます。

そして、RPAなら、無断で欠勤することもなく、働き続けてくれます。

それなら、新人教育にコストをかけるより、RPAにコストをかけたほうがいい、というそういう判断が生まれるわけです。

実際、これまでの試行錯誤の中で、営業マンを採用して全国に組織を造って、代理店を強化するという形を、本腰を入れてやっていた時期もありましたが、芳しい結果は出ませんでした。

それよりも、サイバー企業の強みを生かして、WebのSEO対策や広報・広告に力を入れたり、ブランドを磨いていったりしたほうが、営業マンを雇うより少なくとも現在のアドミンに合っているという結論になりました。

・多様性を生かした、人材の活用術

補足的になりますが、多様性が求められ、かつテレワークを行っているからこそ、より効率的に機能する、人材活用術が生まれ始めています。

大きな例として、当社では主婦の採用を増やしています。

主婦の方々は、子育てや家事などがありますから、限られた時間で成果を出すために、時間を無駄にせず、集中して効率的に仕事をやってくれる傾向が全体的にあります。だからパフォーマンスが高いのです。

また扶養の範囲内であれば、社会保険を当社が負担しなくてもいい、というコスト的なメリットもあります。正社員を教育するよりローリスクです。

時代に対応した「ＰＲ」――「広告」と「広報」の違いと、適切な使い分け

情報が氾濫する現在において「ＰＲ」は大変重要な業務です。

ＰＲ（パブリックリレーションズ＝Public Relations）とは、組織とその組織を取り巻く人間（個人・集団）との望ましい関係を創り出すための考え方、および行動のあり方とされています。とはいっても、受け手が押し寄せてくる情報をどう見たらいいかわからないように、ＰＲをする側も、手段がたくさんあって何を使ったらいいかわからず、漠然と営業にきた広告業者の言うことを聞いている、などという状況がないでしょうか。

理念がなく行っている広報は、そのまま無駄になってしまいかねません。まず、その意味を理解する必要があります。

その基本的な考え方をお伝えしましょう。

「ブランディング」と「プロモーション」を混同してはいけない

「ブランディング」と「プロモーション」は、どちらもよく使われる言葉です。

簡単にまとめますと「ブランディング」は長い時間をかけて、付加価値を育てていく取り組みです。

ブランディングとは日常生活の中のアピールに置きかえると、あなたに関わる人があなたに対して「頭のいい人だな、あの人なら信頼できる」と思ってもらえるようになるために試みる行動ということになります。つまり、目的のために「どういう存在であるか」と見てもらうか、マクロ視点の追求になります。

それに対して「プロモーション」は、短期間で、消費者にアプローチを行い、売買を確定させるという結果を出すための取り組みです。

こちらは日常生活の中のアピールに置きかえると、「私は頭がいいので、評価してください」という行動に例えられるでしょう。こちらは目的のために「どのような行動をとるか」ということで、マイクロ視点の追求といえます。

どちらも大切ですが「自分は頭がいいです」と言うことの簡単さに比べ、「あの人は頭がいい」と思ってもらうことが難しいように、プロモーションのほうが直近の成果が出し

ブランディングとプロモーションの違い

ブランディング		プロモーション
ファンベースの構築	ゴール	消費者の反応を生み出す
どのような存在であるか	役割	どのような行動をとるか
方向性を定める	手法	戦術を定める
マクロ視点	視点	マイクロ視点
WHYの追求	追求すること	HOWの追求
長期的戦略	戦略	短期的戦略
価値の創造	概念	価値の獲得

やすいため、そちらに偏りがちです。

情報過多の現在の時代は、ブランディングによって付加価値の高いサービスを行わなければ、生き残ることができません。

ＩＣＴ分野で、ブランディングに最も成功しているのがAppleだ、というのは異論が出ないところでしょう。

・「広報」と「広告」は別のもの

ＰＲは、大きく「広告」と「広報」に分けられます。「広報」とは、自社でやる取り組みです。当社は社内で行っています。

例えば、アドミンのＷｅｂサイトの記事更新頻度を上げる、というのは「広報活動」です。記事を細かく更新していると、それを読むために訪れてくれる人が増えますし、記事が増えると、検索ワードが増えますから、そうすると検索でもヒットしやすくなります。

記事のこまめな更新はとても重要です。毎日更新されているＷｅｂサイトと、最後の更新から何ヶ月も経っているＷｅｂサイト、どちらが信頼できるでしょうか？　記事を定期的に更新することはすぐにできる取り組みで、Ｗｅｂサイトの信頼性を高めるために有効です。

理想は週に1～3回、最低でも月1回は更新してください。

近年のSEO基準では「情報の質と量」はもちろん、「更新頻度」も重視される傾向にあります。

より検索エンジンにヒットしやすくするためのSEO（Search Engine Optimization）対策にもなる訳です。

また、もう一つ有効なのは「プレスリリース」です。取り組みやいろいろな情報を「プレスリリース」としてまとめ、役所の記者室や各メディアに送ると、（紙資料を用意したり、各メディアのプレスリリースフォームなどに送ったりすることもあります）。記者などの担当者が目を通し、取材してくれることがあります。

当社も日本経済新聞やYahoo!ニュース、地元のさまざまなメディアで何度も取り上げていただきました。これは、経費をかけずにメディアにアプローチできて記事になるという、コスパの高い宣伝活動になります。

「広告」は有料、使うべきポイントを見極めていく

「広告」はお金を払って情報発信していく形のPRです。

まず、昔ながらの街中の看板やテレビのCM、チラシに始まって、YouTubeの広告、ブログなどのコンテンツ連動型広告サービス、SNS広告、といった形です。

サイバー企業が「広告」をどう活用していくか？　ここでは「検索エンジン」のGoogleを例に挙げて紹介します。

Googleの広告にもいろいろありますが、効果的なものに「ワードを買う」というのがあります。Googleアカウントでログインして、広告のところを見てもらえればすぐわかるのですが、「このキーワードを使いたい」というのを受け付ける画面があり、そのワードにも、1クリックいくらという相場が定められています。ワードによって単価が決められているのです。

そのワードを買うと、買った人の関係する検索にひっかかりやすくなります。例えば、「長崎システム開発」というワードを買うと、そのワードで検索した時、「アドミン」が上に表示される、という具合です。

「長崎システム開発」だとそれほどでもありませんが、「車」や「旅行」などのよく調べられる競合が多いワードだと単価が高くなります。「車」だと1クリック100円くらいになります。

当社は広報がメインではありますが、「予算をかけた分、効果をもたらしてくれる」広告には力を入れています。

例えば、300万円予算があって、そのお金を新人の育成に費やしたとしましょう。しかしその新人が辞めたら、300万円プラスかけた労力が損失になってしまいます。

一方で、広告は300万円打てば、きっちり仕事をしてくれてPR効果も得られます。それなら広報のほうにお金を使おう、という選択肢が生まれるのです。

しかも、ダイレクトにお客様を引っ張ってくれるので、それならばそっちに経費を掛けようというのは自然なこと。費用対効果を高めるために広告をいかにうまく使うか、という戦術を立てることは重要なのです。

・「待ち」「攻め」2種の広報を使い分ける

広報には「待ち」と「攻め」の2種類があります。

ブログの記事を更新したり、SEO対策を行うのは「待ちの広報」です。LINE公式アカウントを利用したメッセージ配信やプレスリリースの配信は、「攻めの広報」です。

この2つを両方、バランスよくやることで、メディアミックス戦略へ応用することができます。メディアの組み合わせによる相乗効果が高まり、より強い訴求力が生まれます。

サイバー企業スタイルでの営業活動に重要な「SEO対策」

「SEO（Search Engine Optimization）対策」、つまり、Webでの検索結果でより多くヒットし、お客さんを自社サイトに呼び込むための工夫の重要性は、どんどん増しています。企業に限らず、インターネットを使用しての広報においてとても大きなウェイトを占めています。

サイバー企業では、その重要性がさらに大きくなります。どのような企業でも行うべきSEO対策を、例を挙げて解説しましょう。

「独自ドメイン」は必ず取得しよう

まずは、ドメインの話から進めましょう。

ドメインとは「domain name」の略で、WebサイトURLの「●●●.com」の部分です。会社や個人で独自に登録しているドメイン名のことを「独自ドメイン」といい、企業名や企業のサービスをつけることで、ブランドイメージを付与できたり、お客様の信頼を高めることができます。

ですが、他社や他人がドメインを登録してしまうと、せっかくSEO対策をしても、その成果をそのまま持っていかれてしまう、ということになりかねません。独自ドメインは必ず取得しておきましょう。

SEO対策でWebサイトを営業マンに

今、検索エンジンで『長崎　システム構築』と入れると、「アドミン」が上のほうに表示されるようになっています。これは、当社のSEO対策の成果の一つで、自社Webサイトの中に文字情報として、「長崎」「システム構築」「出島」とワードを入れているからです。

メインとなる「キーワード」またその周辺として使われる「関連ワード」、そしてさらに使われると考えられる「想定検索ワード」を文字情報として散りばめて仕込んでおくと、幅広く検索に拾われるようになります。

Googleの場合、そのワードを見つけて拾い上げてくれるので、優先的に上位ページに表示されるのです。検索をかけた結果が1ページ目に出るのはとても大きいことですから、それを実現するために、Ｗｅｂサイトを作り込みます。ここに書いた文字は、Ｗｅｂページになって、たくさんあるサイトを検索して、１ページ目の上のほうに検索候補として表示してくれる、という形で貢献してくれます。

そしてＷｅｂサイトを見て、電話やメールをくれたり、ＳＮＳをフォローしてくれるのですから、Ｗｅｂサイトは当社の営業マンとなるわけです。

しかもＷｅｂサイトは、24時間３６５日営業してくれます。それを導入してからどれくらいのヒット数が上がったか、あるいは下がったか、といったように、エビデンスがある程度把握できます。それにより、どこにどれだけコストをかければいいかがわかる。これもサイバー企業の一環です。

検索画面の1ページ目に表示される工夫

例えばGoogleは、広告を出すと1ページ目に出やすくなるのですが、それはとても高額なため、無料でも検索画面の１ページ目にくるように工夫しています。

検索画面の2ページ目以降はあまり見られないので、いかに1ページ目の、しかも上のほうに載せるかという努力をしています。

Ｗｅｂサイトのソースコードの中に、具体的な文字を入れることで検索率は上がります。当社のＷｅｂページの中にも、「長崎」「サイバー企業」「出島」など、検索でヒットしてほしいキーワードを入れています。

昔、Yahoo!が全盛だった頃は、検索した時に何がどう出るかは人間が決める「ディレクト型」が主流でした。今はインターネットの世界が、宇宙が膨張していくようなスピードで広がっていますから人がやっていたらとても追いつきません。

ですから、「ロボット」と呼ばれる小さなプログラムがインターネットを巡回して情報を拾い上げ、判断して、検索後の並びを決める「ロボット型」が行われています。

そのロボットが、サイトに来てくれた時に、情報を拾ってなるべく無料枠の１ページ目、上のほうに出してくれるように、Ｗｅｂサイトのソースコードを書いています。

現在、当社はGoogleに広告を出していませんが、「長崎　システム構築」などで検索すると、１ページ目に出てきてくれます。これは広報がうまく機能している証拠です。

仕事も求人もここから勝手にくるようになっている、というわけです。

Webサイトは一冊の本、先を読んでもらえる形を作る

Webサイトは一冊の本に例えられます。

最初に開いたページの上部は「ファーストビュー」といわれ、ここでお客様をひきつけることがとても大事です。

具体的には、ファーストビューには新着情報やキャンペーン情報など、興味を引くための情報を掲載します。その上で会社を紹介し、お客様とのコミュニケーションを行うための問い合わせ先を配置します。

そして、商品紹介などに繋げていく訳です。

SNSの活用も大事ですが、自社オリジナルの情報発信プラットフォームとして、Webサイトの重要性はずっと変わりません。

無料で作れるものから、オリジナルのものを作ると30万~数百万と、予算をかける気になればいくらでもかけられるため、最初にどれくらいの予算をかければいいのか、などと迷うことにもなるでしょう。

サイバー企業を立ち上げたばかりの段階では無料のものでかまわないでしょう。

ただ、無料ですと、ブランディング力が弱い、拡張性が低い、SEO用に使える機能が

限られる、保守・運用に問題が発生しやすい、などの問題があります。

とりあえずは無料で始めて、必要な機能を見極め、オリジナルに切り替えていくのがベターでしょう。

これからの「コンプライアンス」と「ガバナンス」

現在、企業の「コンプライアンス」と「ガバナンス」は、特に重要視されています。ここがしっかりしていないと、会社が発展しないだけでなく、大きなトラブルを起こすことさえ考えられます。

とはいっても、私も起業したばかりの頃は、コンプライアンスそのものを随分無視してきた気もします。ですがこれからの未来を考えるにおいては、「コンプライアンス」と「ガバナンス」の整備が必要です。

私なりのこれからの「コンプライアンス」と「ガバナンス」についてお話しします。

サイバー企業の「コンプライアンス」と「ガバナンス」

「コンプライアンス」「ガバナンス」とは、どちらも会社を運営していく上でのルールです。コンプライアンスは「法令遵守」を意味し、企業や組織が法令を遵守することに加えて、社会的な良識やルールに沿って行動・活動することを指します。

ガバナンスは「統治、管理」といった意味で使われていますが、コンプライアンスを守ることを大前提とした上で、どういった形で組織を運営するかということになります。

当社ではコンプライアンスを守るための大きな対策として、セキュリティを強化した上で「サーバに情報を集約させる」ようにしています。

もし、顧客情報が漏れることがあれば、重大なコンプライアンス違反となります。そこは最もエネルギーを注力して守ることだと思います。

仕事用としてパソコンを社員一人ひとりに支給、公私混同はしない、ということを会社として明確にしているのは、コンプライアンスを守るためというのが大きいです。

さらに、USBなどで接続する外部記録媒体は禁止していますし、VPNで外部からの侵入を防ぐ仕組みを作り、データを死守しています。

ここを甘くしていると、どこでデータが漏れるかわかりませんし、不正アクセスなどで、意図せず大事なデータが拡散されてしまうかもしれません。

ガバナンスを強化することで、会社の炎上を防ぐ

日常的なものは、終業時にレビューとミーティングを行うことで守っています。困るのが、突然起こるトラブルです。

よく起こりがちなのが、辞めていく人間が起こすトラブルです。残念なことですが、社員が去っていくことはあります。

そして、辞めていった社員と会社がトラブルになることは、十分に考えられます。公表していない内部情報を暴露したり、匿名掲示板で悪口を書いたりされているのはまだよいほうです。

例えば、転職サイトに悪口を並べ、真実ではないことをでっち上げて書く、なんてことはあり得ることです。入社を考える人がそんな書き込みを見てしまったら「こんな会社やめよう」と考える材料になってしまいます。

幸い当社ではこのようなトラブルはありませんが、誹謗中傷された企業が、情報サイトを訴えている話をよく耳にします。

ガバナンスをしっかりするということが、そういう部分で生きてきます。その種のトラブルを未然に防いだり、軽減したりすることができます。

今は、プラットフォームに沿って情報を入力するだけで、企業の情報が書けてしまうWebサイトや転職支援企業などがあります。辞める側がそういう場所を使って発言できてしまうようになっているのです。

ちなみに当社では、入社時の契約書にデータの管理の規則や就業規則を知らせ、契約書を交わしてコンプライアンスに違反することがないようにしています。

例えば辞めた後に、インターネット上で当社に不利益があるような行動をした場合には、プロバイダに開示請求を求めて、その上で損害賠償を請求することが明記されています。

哀しいことですが、ネットで書いた悪口は、それがひどいもの、具体性があるものほど、身内が書いた可能性、つまり社内の関係者である（あるいは関係者だった）可能性が高くなるもので、しかも誰が書いたかがわかります。

その場合は、プロバイダに書いた人のIPアドレスの開示請求をするなどして、その人物に対して、しっかり抗議をしていかなければなりません。

少し前なら「そこまでやらないといけないもの?」「そこは暗黙のルールで書かなくてもいいことでは?」と思えるようなことでも、今は明文化しなければいけない時代になっています。理不尽な攻撃を受けたら、それに対応していくのも大事ですし、未然に防ぐのも大事です。

もちろん、人間誰しも魔が差す、感情的になるということはあります。そのような状況や環境を作らせないようにすることが大切です。

サイバー企業化が進むのは、民間の若い会社からという必然

サイバー企業化において、最も高い障害は「ジェネレーションギャップ」であると考えています。

今、組織の上層部にいて決済権を持っているのは、年配の方であることがほとんどです。そういった方がインターネットに触れたのは、早くて20代や30代。旧来の構造を受け継いでいる会社の方ですと、すべてパソコンの設定を人にやってもらい自分ではほぼ何もわからない、という方もいらっしゃるでしょう。

極端な話、今は幼稚園児でも日常的にYouTubeを見ています。そのリテラシーの差は甚大です。

年配の方は新しいことやものに抵抗感がある場合が多く、また知識も不足していますか

ら（もちろんそうでない方もたくさんいらっしゃいます）、それがどういうものであるか、イメージしづらい。だから決裁できない、そのため話が進まなくなる、という悪循環が発生します。

そういう面では、若い民間経営者の方が、サイバー化を進めやすいと思います。さらに言うなら、民間のほうが障害は少ないと思います。

行政のほうは、ルールでガチガチに決まっていますし、小規模にＩＴを導入するにしても、入札、仕様書作成、その他のいろいろなやり取りをしながら進めなければなりません。既得権益とのしがらみも大きな影響があります。その結果、導入までに相当な時間がかかるのが予想されます。

しかし、マイナンバー普及の流れから行政のサイバー化が進んでいくのは必須です。

サイバー化を妨げているものの正体は？

サイバー化する・したい、と考えていても「いや、うまくいかないんじゃないか？」と、漠然とそんな考えが、気持ちの中に生まれたりはしないでしょうか？

はっきりしないことに不安を感じていても仕方ありません。その正体を知ることがまずは大切なのです。私の経験から、その正体をお伝えします。

それは「前例主義」です。社会というのは、実績のないものに対しては、動かない、許可ができないものです。良し悪しではなく、そういうものなのです。

社長がまだ若手で、代表取締役が一人であれば、すぐポンとトップダウンで行けるものです。そういうところを活かして、前例主義を打破するための先駆けになるというのも、当社の目標の一つです。

これからの時代で生き残るために、サイバー企業化をするのは必要なことですから、前例主義にカウンターをとらなければいけない場面は必ずあるでしょう。

・エビデンスとデモンストレーション

「そんなこと言われても、新しいことを始めるんだから前例があるわけない」

そう、思う方も多いと思います。

若手が熱意を持って、会社のためと考えて「こういうメリットがあるからやりましょう」と口や資料で説明したところで「いやいや、ありえん」などと言われて終わりです。

そこで重要なのはいかにエビデンスを作るかで、そのために効果的なのが「デモンストレーション」です。

具体的には、会社であれば自社部署内の課や班などの最小単位で、現在、みんながやっている仕事の中で役立つＲＰＡを小規模、機能が限定されている形で構いませんから、実際にデモンストレーションをして見せる、というのが一つの方法です。そして、それによっていかにみんなが助けられるかと説明するのです。

「百聞は一見に如かず」という通り、それは大きな説得力を見せるでしょう。

そうして、課の中でコンセンサスを得た上で「まずは私たち（小規模な部署やチームなど）が、サイバー化、ＤＸを先行してやってみました」とタブレットで動画などを見せながら「こういう風に簡略化できます。全員の１日１時間が浮くようになるので、その時間を新商品企画の会議に回してはいかがですか」というように、話をどんどん上席に上げていく、という取り組みです。そうして、決裁権を持つ人のところまで持ち上げていくのです。

その小さいことを一つひとつやっていく取り組みが大事です。もちろん、それをやっても聞き入れてくれない状況はあります。大切なのは、そこで諦めず事例を作ることです。ひとつうまくいけば、ドミノ倒しにうまくいくようになります。「あそこ、いい感じになっているよね」と思わせれば勝ちです。

「前例主義」という古いシステム、習慣を、逆に利用してしまいましょう。

「デジタル・ディバイト（情報格差）」をいかになくすか、が時代の課題

ここまで読んでいただいて、「やっぱりサイバー化って難しそう」となった方も、少なくないのではないでしょうか。そして、世の中全体の動きがサイバー化の方向に行く、と聞くと「大変なことになった」と思われる方もいると思います。

ところが、そうではありません。システムを作る専門家は、確かに難しいかもしれませんが、サイバー化することによって、世の中はわかりやすくなることが多いのです。というよりも、そうしないと、ICTを普及させていくことはできないのです。

もちろん、誰もがプログラミングができるようになるのは無理ですし、その必要はないと思います。それを仕事にしている、専門家がやればいいのです。

今、長崎市のDX事業を推進する会議に参加していますが、そのロードマップを考える上で、全国的に見て、高齢者の方にどう普及を進めるか、ということが大きな課題になります。若い人なら、パソコンやスマホ、タブレットなどを活用し、すでに普及したアプリを使ってやり方を伝えていくなどすればいいのですが、高齢者の方にはそれは少し難しいのです。

こういったインターネットなどの恩恵を受けることができる人とできない人の間にでき

てしまう経済格差を「デジタル・ディバイト（情報格差）」といいます。「アナログが好きなんだ」と頑なになっている場合は、正面からいくら何を言ってもどうしようもありません。だからこそ、そういう人でも自然に扱うことができるシステムが必要になるわけです。

例えば、私が通っているトレーニングジムは、入る時にタグをかざすと、入り口にあるセンサーとカメラが認証してドアを開けてくれます。その上で、何時何分何秒にどこの店舗に入って、どういうトレーニングをして、いつ退店したとか、そういう集計とか記録ができるのです。

ユーザーからすると、持っているタグをかざしただけで、タブレットに触ったわけでも、キーボードに触ったわけでもなく、なんのＩＣＴっぽいこともしていません。これなら高齢者の方でもできます。

長崎は坂の街で階段もたくさんあり、高齢者の方にとっては市役所に行くことそのものが大変です。他でもそういう状況はあるでしょう。酷暑の季節、厳寒の季節など、出かけるのが億劫になる状況があります。

そういう現状を踏まえ、行政側もタブレットのアプリ、Ｗｅｂのアプリなどを充実させようと取り組んでいます。若い人には確かに便利になりますが、タブレットやＷｅｂに馴染みが薄い、高齢者の方には別の提案が必要になると思います。

例えば、高齢者の方々が自然に足を運ぶ公民館などに端末を置いておいて、タグなどで認証し、それとマイナンバーが連動しており、難しいことは職員さんがリモートで、「今日はどうされました」「いや、住民票の情報を変えたくて」というようなことを会話ベースでシステムを使えたら、まったく違ってくるでしょう。

サイバー化していく社会に対応するなら、難しいことを考えるのではなく、そういうレベルまで、システム側を落とし込むことが必要であり、テクノロジーに弱い人に配慮されたインターフェイス、仕組みを作ることが大事なのです。

これは今後、当社が取り組んでいきたいことでもあります。国も、そういうことはできるようになってほしいはずですから。

第2章まとめ

サイバー企業化のメリットはこんなにある!

DXを推進する過程で、「財務三表」が改善

サイバー化でコストが削減でき、生産性が向上する
⟶ 財務における重要な要素(収益性・効率性・安全性・生産性・成長性)が、すべて向上
⟶ 銀行の「信用格付け(スコアリング)」が上がり、融資を受けやすくなる、融資枠が広がるなど、多くのメリットが得られる

⬇

会社を運営していく上で、融資による資金調達は必須

会社の数字が「見える化」でき、会議や意思決定がスムーズに

BIツールによって、効果のある方法をエビデンス(裏付け)のある数字で表示できるようになる
⟶ 正しい経営判断がすぐにでき、業績に反映される
⟶ 収入が増えて、社員の給料が増やせる(モチベーションも上がる)
⟶「数字を重視して結果を出した」という成功体験が根付く

⬇

これからの時代に対応できる、好循環のループを作り出せる

ブランディング効果で営業の自動化

・デジタルを駆使したPRで、問い合わせ件数アップ・売上アップ

経費を大幅に削減できる

・RPAによる会計計算・給与の効率化で人件費削減、オフィスレス

ワーク・ライフ・バランスが充実する

・RPAで単純作業を自動化、テレワーク導入で時間を有意義に使える

第3章

サイバー化を実現する方法

——具体的なメリットを摑む

サイバー化で生まれるメリットとデメリット

いくら「これから企業はサイバー化するべき」と聞かされても、未来はそうなるというだけでは、「その決断はできない」というのは当然です。決裁権を持っている方も、そのくらいではサイバー化への決断はできないでしょう。

この章では、サイバー化によって生まれるメリットをより具体的に説明し、併せてデメリットにも触れていきます。

コスト的にも会社運営的にも大きなメリットがあるからこそ、これからはサイバー化が進む、と私は確信しています。来たるべき未来に対応ができるのみならず、現在の仕事の効率化が図れるということは、すでにお伝えしました。

さらに、サイバー化は業種・職種を問わずプラスを生み出せます。サイバー企業となり効率化を進めると、自然と経費の削減と生産性向上が図れるのです。当社はDXを行い、サイバー企業となったことで、収益化しやすい体質や総合的なコストの圧縮を実現した結果、サイバー企業化後、3年連続で増収・増益となっております。

その、サイバー企業化を実際行うことによって、具体的にどの部分がどのように削減できて、どこがプラスになるのか。次に少し発生してしまうマイナスの部分について、まず解説します。

ペーパーレス化が生み出す、経費削減以上の意味

当社は、完全なペーパーレス化が図られています。

紙の資料などは、長崎市にある「AdminBasez(アドミンベース)」というリアルのミーティングルームにスキャナを設置し、そこで随時スキャニングをしてデータにしています。

もちろん、データ化されたらすぐサーバに置いて共有するのが大事です。昔は人数分コピーして配ったりしていたと考えると、手間と費用、それに資料の置き場所が大幅に節約できるのがわかっていただけるでしょうか。

もちろん、紙資料がなければゴミが出ませんから、処理費用が節約できます。

法律の改定で、紙資料は紙で保存しなくてもよくなっている流れがあるので、紙で保存しなくてもいいものはどんどん処分しています。過去の紙資料などで棚や倉庫が埋まっている会社も見受けられますが、そういうことがなくなるわけです。

余談になりますが、まだこれからの技術として、最新のスキャナにはOCRが実装され

たものがあります。

そのスキャナを使用すると、紙に描かれた数字などがスキャンした段階でCSVファイルができ、そのCSVファイルをRPAで活用すれば自動入力や自動集に応用できます。まだ普及はしていないもので、使いにくさはありますが、だんだんこなれていくでしょう。

そうなれば、スキャニングのシステムが会社にあるというのは、大きなアドバンテージとなるのは間違いありません。

文書情報のやり取りでは、これまで20年ほど中心であったFAXの話も重要です。FAXも感熱紙から普通紙に、そしてメモリー受信ができるようになり、コピー機と一体化した高性能なものが普及し……と進化してきました。そして現在、FAXは最初から紙ではなくデータで受け取るようにしています。これによって、会社によっては何台も必要だった大きなコピー機もいらなくなってきます。

スキャナによるデジタルデータ化、FAXのデジタル化、電子帳簿対応を行うと、ペーパーレス化が達成できることでしょう。

ペーパーレス化は、紙代の節約、倉庫代の節約等以上に、企業として大きな利便性を作り出します。むしろ、紙代に目を取られるのはよくない、と訴えたいくらいです。

・検索が容易になる

データをPDF化などでデジタルにしていくと、検索がしやすくなります。新しい形のOCRに対応しているスキャナであれば、取り込んだものを文字データとして内包した画像データにすることが可能です。そうなれば、パソコンの検索窓に、探しているファイルに関係するワードを入れるだけで、必要な情報がある場所にヒットできます。

これが紙ベースですと、歴史のある会社ほど、膨大な紙の山、それこそ小さな図書館なみの倉庫を探すことにもなるでしょう。

これを一瞬で検索して引き出せるのは、ものすごく大きいのです。加えて、日頃から、フォルダをきれいに整理整頓するのを心がけ、スキャンする時にOCR機能を使い、内容まで検索できるようにしていれば、紙資料とは比べ物にならないほど、利便性が大きく向上します。時間の節約にもなり、これが経費削減以上に大きなメリットをもたらすということは、サイバー企業化に反対の人でも認めてくれるはずです。

・集計が容易になる

今は、データ社会です。RPAやAIといったものを動かすには、デジタルデータが必要です。

すでに、さまざまな場所で多種多様なデータが常に集められ、ビッグデータとなって社会を動かしています。

サイバー企業におけるデータの重要性は言うまでもありません。デジタイゼーションでアナログの情報をデジタル化することで、集計しやすくなります。

BIツール（145ページ参照）を使えば、データベースシステムと連携して必要なデータを収集し、多次元分析や統計解析など多様な視点や手法で処理し、結果をレポートやグラフなどにまとめ分かりやすく可視化することができます。数字を扱うのが容易になります。売り上げなどの数字が早く上がると、現状の把握が早くなり、対策なども立てやすくなります。

こういった作業は、もちろん紙でもできるのですが、大規模になればなるほど、デジタルデータで扱ったほうが楽です。共有するだけで各人の手元にデータとして持つことができ、RPAも活用しやすくなります。

電子帳簿保存法が改正された2022年は「ペーパーレス元年」

「証憑書類」は溜まっていく一方ですし、慎重に扱わなければならないものです。企業に限らず、仕事をしている人のほとんどは、各種証書や領収書、請求書を発行したり、またその保存と管理したりすることに時間を取られています。

「この部分が電子化できれば」と、私を含め、多くの人がずっと考えていました。

そして、2022年の1月に、大きな動きが起こりました。それが「電子帳簿保存法」という法律の改正です。

ざっくりと説明すると、この法律に基づいて申請を行った業者は、証憑書類を全部電子化した上で紙は破棄していい、というものです。

しかし2021年までは規制が強く、事前承認手続きをして税務署長から事前承認を得る必要があり、証書などのデジタルデータがいつ発行されたものなのかを証明できる「タイムスタンプ」を発行してもらうための費用が発生していました。

また、付与期間の制限が厳しく、検索機能をつけた上で多くの項目を検索できなくてはならず、内部統制のために適性事務処理用件がありました。それに従って電子帳簿保存法に合わせるためだけにルーティンや業務フローを変える必要がありました。

しかし、ここが大幅に変わりました。

2022年1月1日以後に保存する国税関係のスキャナ保存資料に関しては、事前承認手続きはいらず、タイムスタンプの付与期間が緩和し、スタンプをもらう際のコストもかからなくなりました。

さらに検索要件が緩和され、適性事務処理要件が廃止されています。当社が導入している「freee」という会計ソフトであれば、そもそもタイムスタンプを押してもらう必要さえありません。

これはとても大きなことで、2022年は「ペーパーレス元年」になるともいわれています。ただどうしても、行政関係とのやり取りはまだ紙のものが多いですし、御礼状や挨拶状などの、慣例の連絡は紙で来ますから、スキャンしてデータ化した上で保存しています。サイバー化もまだ途上ですから、そういう部分は、今までの文化と共存しながらやっていく、というのも大事だと思っています。

クラウドPBXを導入することで、テレワークでも電話の取り次ぎがスムーズに

一般的に、これまでは、会社に電話する時には、まず代表番号に掛け、PBX（Private Branch Exchange）といわれる、社内内線電話の交換装置により「○○に繋ぎます」となっていました。

テレワークになると、この交換ができず、電話が繋がりにくくなる……と、そう考えて

いる方は少なくないのではないでしょうか。

しかし「クラウドPBX」の導入でこれが解決します。これはその名前の通り、PBXの役割をクラウド上で行う、インターネット上で通話・通信を行う技術で、インターネットを通じて「内線」を再現しています。

クラウドPBXの導入により、テレワークでも、オフィスで働いているのと同じように、電話の取り次ぎができます。

当社でも社員のスマホにクラウドPBXのアプリを導入し、これを行っています。

オフィスに内線のシステムを作り、受付が出て……とやっていると、それなりの費用がかかります。しかし、アプリを利用すれば、従来の電話環境と変わらない操作感を再現したまま、同じように取り次ぎができるのです。

これがあることもあり、弊社ではスマホを支給しています。それには多少コストはかかりますが、スマホは他にも利用できることもあり、かかるコスト以上のパフォーマンスを得られています。

完全キャッシュレスでお金のやり取りを簡略化

完全キャッシュレス化のために、最初にしなければいけないのは、オンラインバンキング口座の開設です。それから会社用のクレジットカードを作ります。

当社では、社員にそれぞれPayPayのアカウントを作って、経費の精算などは、電子マネーで行っています。

キャッシュレスにすることで大きいのは、例えばクラウド対応の会計ソフトを使っていれば、クレジットカードを使う時点で、クレジットカード会社と連動して、データを会計ソフトにインポートして、クレジットカードの明細へ自動で吸い取ってくれる機能があり、これによって非常に会計処理が楽になっています。

つまり、領収書を1枚1枚入力していく必要がなくなります。

キャッシュレスを徹底すると、事務作業が大きく減らせます。この部分の効率化ができるのも会社にとっての大きな利点といえます。

オフィスレスによる家賃の大幅な削減

家賃は、企業を運営する上において、固定費として負担になるものです。また企業規模が大きくなればなるだけ、オフィスを広げ、社会的信用を得るために家賃の高いところに引っ越す——となりますから、従来は会社が大きくなれば、家賃はどんどん増えていくものでした。

ですが、オフィスレスを実現することで長い間続いてきた、まるで呪いのような慣習が解決されるのです。

当社の本社は出島にありますが、そこにはワンルームマンションに、自前で作ったサーバとその保守のためのパソコンがあるだけです。また、リアルのコミュニケーションルームなどは持っていますが、大きなオフィスは必要ないのです。

これにより、家賃、管理費、修繕費、固定資産税などの固定費を大幅にカットできるという訳です。

・交通費の削減

オフィスレス化、完全リモートワークによって出勤がなくなりました。すると、通勤にかかる交通費も大幅に減るというのは自明です。

それに伴って、営業車、社用車の必要性が低下するため、駐車場代も削減できます（当社ではレンタカーやカーシェアをメインに使っています）。車を維持するためのガソリン代、保険代などの費用も削減が可能になりました。

ただ、「自家用車のほうが便利」という人もいるので、その場合のガソリン代、保険代はどうなるのかなど、サイバー化の過程で車の使い方に関しては、細かい取り決めが必要かもしれません。

さらに、交通費の削減は「職種による」という部分があります。外回りが業務の主である職種の方には、あまり恩恵がない部分です。

私は経営者として立場上、人と会うことが仕事になることが多いので、個人としてはそれほど変わっていません。

ですが、会社全体で見れば下がりますし、外で打ち合わせの際には喫茶店代や飲食費といった会議費も下げることができます。

サイバー企業には「営業」がいらない

当社には営業専門の担当者がいません。サイバー企業の強みを生かしたオンラインでのPRが、その役割を果たしてくれるからです。Web、SNSなどが集客の入り口になってくれます。

営業担当を設けるための人件費、教育費、さらにそうしてコストをかけた人材が辞めてしまうことを考えれば、現時点では必要性を感じていません。

企業ですから、どうしても営業しなければならないことはありますが、それは私や役員がやればいいんです。役員は基本的に辞めないのでロスが少ないからです。役員は会社のことを知っている訳ですから、教育する必要がないことも大きいです。

ですから、基本はデジタルに集約させますが、マンパワーがいる時は役員が動く。そして詳細は各担当者が担う、それで十分機能しています。

見逃してはいけない、経費が上がる部分

もちろん、サイバー企業化ですべての経費が下がる訳ではありません。逆に上がるとこ

ろもあります。

リモートワークは自宅でやってもらうことですから、いくらか手当は払わなければいけません。電気代やプロバイダ費、専用の携帯端末代などがそれぞれの負担になるので、その部分の補塡です。

携帯端末代まで負担する必要はないのでは、という意見もありますが、仕事とプライベートを切り分けてもらうという意味で、当社では支給しています。現状、それがベストだと考えています。

この部分は、ケースバイケースで考える必要があります。

入口からデジタルへ

日常でもアンケートなどをタブレットで書かせるところが増えてきました。デジタイゼーションで入り口をデジタルにしておくと、紙とデジタルデータを繋ぐ技術であるOCRすら必要ありません。

インプットの時点でデジタルになっているスタイルは日々増えています。これからを考えると、こちらのほうが明らかに高効率で理に適っています。なるべくデジタル化の割合を増やすということには、経費以上の価値が確実にあります。作業としてはアナログのままでも続けることはできますが、どんどん苦しくなっていくことが予想されます。

その部分に時間をとられない、デジタル化を済ませたサイバー企業のほうが、スピードでも利益効率でも上を行ける、というのは当然のことです。

時間が経てば経つほど苦しくなりますから、今のうちにデジタル化に励むべきだと私は訴えたいのです。

「AI」と「デジタルデータ」の密な関係

AIとは(Artificial Intelligence)の略で、すなわち人工知能のことです。

人工知能は、ただ役割をこなすだけの普通のプログラムと違い、「学ぶ」ことで成長していきます。AIのプログラムにデータを覚えさせることで学ばせるのです。

「こういう場合はこう」「別の時はこう」とさまざまなデータを与えていきます。この行為が「データを食べさせる」と表現されます。まさに子どもがパクパクと食事をして成長していくように、データを食べれば食べるほど成長していきます。

そのデータはすべてデジタルです。つまり、紙ベースでデータを管理して、その情報がいくらこれから役に立つものであっても、デジタルでなければ使えないのです。今後、AI化は間違いなく進んでいきますから、デジタル化はどうしても必要です。

サイバー企業に必要なもの

さて、メリットを挙げたところで「どうしたら、そのメリットを最大化した形でサイバー企業化ができるか?」を考えていきましょう。

「サイバー企業を始めるには、たくさんの機械が必要なんじゃないの?」と、思っている人は多いと思います。

ところが、起業または事業転換する上で、大規模な投資は必要ありません。始めるだけなら、まったく大変なことはないのです。第1章でお話ししたように、私は20万円で始めましたから(29ページ参照)。

特に起業時からサイバー化を想定しているなら、ボトルネックになる事柄もなく、話はとてもスムーズです。むしろ新型コロナ禍以降、さらに起業しやすくなっています。

また、安定した収入を得ている状態であれば、今すぐ辞める必要もありません。会社に勤めながら起業し、サラリーマンとして勤めながらサイバー企業を運営して、軌道に乗ったらそちらに集中する、というのも十分に可能なのです。

それでは、あなたがこれからサイバー企業を立ち上げると仮定し、必要な物を挙げていきましょう。

その① 各員毎のパソコンと付帯用品

サイバー企業ですので、これは絶対必要です。

パソコンとマルチディスプレイにするために、モニタを最低2台揃え、それに伴ってデスクとオフィスチェアを用意しましょう。

当社ではパソコンは、機密保持、またプライベートと仕事の切り分けなどの意味から、会社から支給しています。

基本的に、皆同一規格のものを使っています。そのほうが、何かトラブルが起きた時に、何がどうなっているかを共有できて、わかっている人がわからない人に教えやすいですし、もし同時に2台が壊れても、それぞれ無事なパーツを組み合わせてニコイチで復活させる、といったことがやりやすいからです。

・サイバー企業に向いているのは「Windows」のパソコン

ちなみに、仕事ではWindowsのパソコン使っています。通常、業務ではExelとWordを中心に使うので、そのための最適化がされているWindowsがベストです。

MacでもExcelとWordは動きますが、若干表示がズレたりします。また、Mac上でWindowsを動かすこともできますが、仕組みが複雑になるとトラブルが多くなります。

Macのいいところは、シンプルさと直感的な操作のしやすさです。クリエイター向けのMacにしかないアプリが必要でないのなら、Windows一択でいいと思います。

ただ、UNIXベースで各種コマンドが充実しているため、プログラマーにはMacを使うメリットがあります。

その② インターネットプロバイダ

パソコンと同様にプロバイダとの契約も必須です。

サイバー企業に勤めようという人で、自宅にインターネット回線がない、という人はまずいませんから、それぞれ個人で契約しているものを使ってもらっています。

とはいえ、仕事に使うものですから、一部会社側が負担をする必要はあります。

・社内ネットワークの構築

後ほど詳しく書きますが、社内ネットワークにも、NAS、VPN、クラウドなどさまざまな種類と要素があります。

NASやVPNを使うなら、それなりの投資は必要になりますが、クラウドであれば、ほとんどお金はかかりません。最初は、Googleアカウントを取ったら無料で使える、Googleドライブのようなもので構いません。

お金が回り始めて、人的リソースが確保でき、より大きなことをやっていけるようになったら、自社でネットワークを構築し、管理する方法に移行すればいいのです。

パソコン回りの出費は少しかかりますが、それも何百万もかかるものではありません。多くの無料サービスが使えますから、パソコンさえあれば、立ち上げるだけならお金はかからない、ということがわかっていただけたでしょうか。

サイバー企業になったら、何を売ればいいのか？

さてここで、「サイバー化を進めたなら、売るものは変わるのか？」というお話をします。改めて説明すると、サイバー企業とは、デジタル化によってイノベーション（変革）が行われた企業のことです。

つまり、サイバー企業とは、体質の問題なのです。

この「体質」は、第1章でお話ししたように、3段階があります（21ページ参照）。まず第1段階の「デジタイゼーション」で〝特定〟業務のデジタル化、その後の第2段階「デジタイゼーション」により、業務フロー・プロセスのデジタル化、そして第3段階の「デジタルトランスフォーメーション」により、ビジネスモデル自体をデジタルなものに変革し、デジタル中心の事業や商材を扱っていくことになります。

例えば私が八百屋だとして、デジタル化したからといって、野菜という商材を扱わなくなる訳ではありません。野菜をECサイトで販売したり、野菜を取引できるアプリを開発し売買したり、旬の野菜を提供するサブスクを行ったり、ネットを使って生産者とマッチングをしたりするのが、八百屋におけるデジタルトランスフォーメーション、DXとなります。

つまり、サイバー化によって、体質が変わっただけで、商材がまったく変わるということはないのです。

ただ、これからもずっと野菜だけを売り続けなければいけない、ということではありません。DXにより浮いた時間と予算で、八百屋以外の事業をすることもDXです。

当社でいえば、極端なDXによりサイバー企業となり、下請けでエンジニアを提供するSESという形から脱却し、システム構築のすべてを請け負えるSIer(＝システムインテグレーター、情報システムの企画・開発・運用を行う企業)へとビジネスモデルの変革ができました。

今まで扱ってきたものをデジタル化し、ビジネスモデルを進化させていくことが、DXの肝で、その中身はアイデア次第です。

テレワーク時代の仕事術・生産性を落とさないためのテクニック

これは企業の利益や機材の話ではありませんが、無駄になるものを極力減らすことが、モチベーションの維持に繋がると思っています。

仕事ではショートカットキーなどをなるべく覚えて、動作の工程を減らし、面倒臭いことが億劫にならないようにしています。

テレワークが一般的になったことで気をつけたいのが、「テクノストレス症候群」の一つである「テクノ不安症」です。パソコンへの苦手意識から嫌悪感が生じたり、ひどくなるとイライラや絶望感、抑うつ状態に陥ることもあります。

さらに、物事を始める前の準備がいらない仕組み作りにもこだわっています。準備が発生すると、「ああ、やりたくない」とモチベーションが低くなってしまいますから。

それとこれは、とてもドメスティックな仕事術ですが、私は私服をほとんど持っていません。作業服かスーツなので、その日の予定に合わせてどちらかになります。

バッグも一つしか持っていませんから、社長といってもバックパッカーとかわりません。「明日インドに来い」と言われてもすぐ行けます。準備スピードが単純に早いのです。そうやって「初動のスピードを落とさない」ということが私にとってはとても大事で、こうすると、迷わずすぐに動けます。

外部パートナーとの連携により、営業力を強化する

プロパー(正社員)はもちろん大事にすべきですが、外部パートナーとの関係性もこれまで以上に大切に考えるべきです。

社内の人間はお客様との調整や研究開発に特化させ、その他の専門のことは、税理士、弁護士、イラストレーター、カメラマンなどそれぞれのスペシャリストであるパートナーにアウトソーシングするようにしています。

福利厚生や採用、教育コストを含めて、総合的に判断すると、専門家は対価以上の働きをしてくれるものですし、パフォーマンスは非常に高いことがわかります。

外部パートナーと仕事をすると世界が広がり、新しいことに繋がっていくこともあります。良質なパートナーシップを増やしていくには、人脈を広げ、アンテナを高くした上で、こちらも信頼してもらい、人間関係を構築しなければなりません。私はそういう方々と最初は直接会うことを心がけています。

外で仕事をする際はノートパソコン1台になりますから、資料を作る場合などは効率が下がります。しかし、「サイバー企業の時代」といっても、やはり根本にいるのは人間で、人間関係の基本は挨拶ですから、そのために全国を飛び回るようにしています。

仕事を通じてできた関係を利用して、安く使い倒そう、という考え方は絶対に持ってはいけません。

積み上げた信頼は会社にとって実質無形資産となりますから、誠意を持って関係を構築していくべきなのです。

システムの変更だけではサイバー化はできない。「ＭＶＶ」を明確化し、「ゴールデンサークル理論」に基づいて実践する

章の最後に、大事なことをお伝えします。

システムだけサイバー化しても、それは十全に機能しません。それを使用するのは、どこまでいっても「人間」なのです。ちゃんと人が意志を持って、会社を動かそうとしなければいけないのです。

そのためには、「自分の会社の企業理念の本質」を理解しなければいけません。その上で会社に求められるＭＶＶをはっきりさせる必要があります。ＭＶＶとは、ミッション(Mission)・ビジョン（Vision)・バリュー(Value)の略です。

「ミッション」は、なぜ自社が存在するのか、企業が社会の中で果たすべき「使命」を指します。

「ビジョン」は、自社が成すべきこと、長期的に目指す「未来像」の定義です。

「バリュー」はミッションとビジョンを実現するために必要な姿勢、「価値観」を定義したものです。

これらを明確にして、ブレない経営を実現するために、自社のサービスをいかに社会に

向けて届けていくか、というのが、できていなければいけないのです。

・「ゴールデンサークル理論」を考え方の基本に置く

さらにこれを、十分に機能させるために有効なのが、近年話題になっている「ゴールデンサークル理論」といわれる考え方です。

3つの円が重なった同心円の内側が「WHY（なぜ）」、中の円が「HOW（どうやって）」、一番外側を「WHAT（何をする）」として、「WHY」から「HOW」を経て「WHAT」に向かう、という考え方を表しています。

つまり、「なぜ→どうやって→何をするのか」という考え方が、変革期には特に重要なのです。人を動かすのは感情であり、心に響く直感的なものです。「なぜ」から始めることが、人の心に刺さるのです。

結果の出せない会社はしばしばこれを理解しておらず、「何を作ろうか（WHAT）」と考え、「なぜ（WHY）」を飛ばして作ってはみたものの、「これにはどういった意味があるのか」が誰にもわからない、自社ブランドを無視した商品を生み出してしまう事態に陥りがちです。

こういった考え方の変革も、サイバー企業化を進めると同時に行っていくべきなのです。

ゴールデンサークル理論とは?

WHY:なぜ
HOW:どうやって
WHAT:何を

*内側から外側に向かって
WHY→HOW→WHATの順番で
物事を説明。

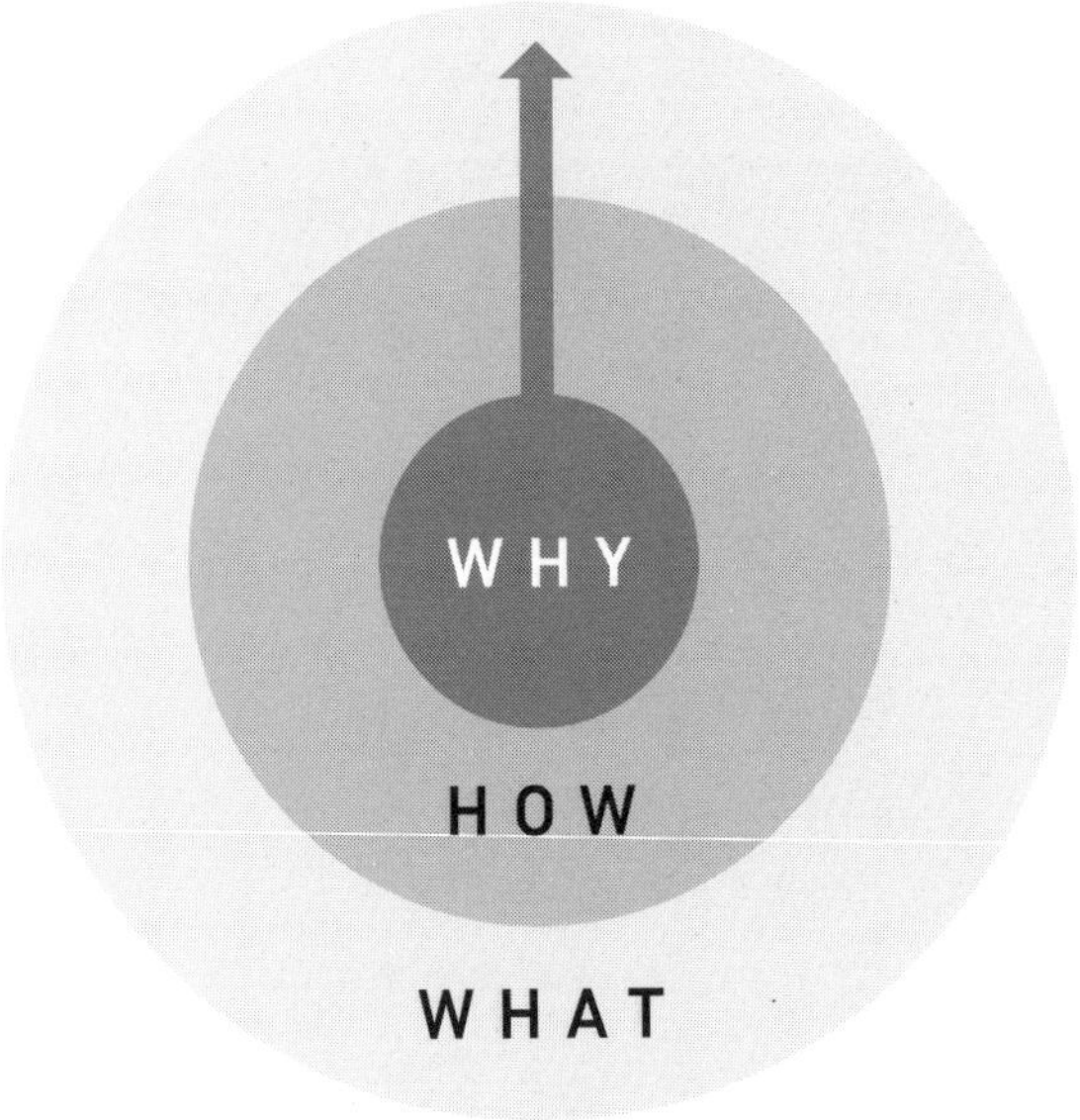

ゴールデンサークル理論とは、3つの内容で構成され、WHY(なぜ)→HOW(どうやって)→WHAT(何を)の順で思いを伝えることで、共感を生むことができるというもの。この順番で話をすると直感的な共感を呼び起こし、その後の内容の印象も良くなる。

理念を忘れてはいけない

本書の中で、繰り返し申し上げていますが、会社経営に必要なのは「理念」です。サイバー化というのは、ただの手法でしかないのです。

理念というのは、その会社の使命や価値観、ビジョンであり、それが最初にあってこそのサイバー化です。それを忘れると、会社の行き先がわからなくなってしまいます。

いろいろなことができるようになるからこそ、軸がブレないことが必要です。そのためにも理念は大切で、そこをおろそかにしてはいけません。

軸がブレると「この会社、最近おかしいよね」と思われ、評価が下がってしまいますし、それは会社の成長のためにならず、社会にとってもよくありません。

当社は「私たちはパートナーと共に世の課題に挑戦し続けます。そして、テクノロジーの発信拠点として社会の発展に貢献します」という株式会社アドミンの企業理念に基づき、テクノロジーを通じて、世の中を良くしていきたいと、本気で臨んでいます。

第3章まとめ

サイバー企業化は、会社を成長させ、社会の発展に貢献するための手法

サイバー企業化によるメリットとデメリット

メリット

- 経費削減以上に大きな利便性を作り出すペーパーレス
  1 データをPDFなどでデジタル化すると検索が容易になる
  2 集計が容易になる
  3 RPAが活躍できる
- テレワークでもクラウドPBXの導入で、電話の取り次ぎがスムーズになる
- キャッシュレスでお金のやり取りが簡略化
- オフィスレスによる家賃の削減(テレワークで交通費も削減)
- サイバー企業には営業職の採用が不要

デメリット

- リモートワークの手当てが必要になる
  (電気代やプロバイダ費、業務専用の携帯端末代など)

メリットを最大化したサイバー企業になるには?

- 今まで扱ってきたものをデジタル化し、ビジネスモデルを変革していく
- 本質以外の業務は外部パートナーにアウトソーシングし、営業力を強化する
- 理念を一番大事にする
  (「MVV」を明確化し、「ゴールデンサークル理論」に基づいて実践)

↓

サイバー企業化はただの手法。理念を忘れてはいけない

第4章

実践！サイバー仕事術

——サイバー化を進める時に押さえておくべきポイント

いち早い決断でスムーズなサイバー企業化が可能になる

前章では、サイバー企業化の仕方、そして行くべき道について書きました。
この章では、どうやればサイバー企業に変われるか、その実践の仕方を私の経験を交えて解説します。

サイバー企業になりたくても迷いがある、それは仕方ありません。また、「社会が変化しているから、サイバー企業にならなければいけない」と言われたとしても、一度に社会すべてがガラッと変わるものではありません。いわゆる「直ちに影響はない」というタイプのものなのです。

ただ、「必要になった」という時には、もうかなり遅れをとっています。ですから、できることから、少しずつ変えていかなければいけません。

それでも、いろいろなリスクが発生します。機材の追加購入、従業員の教育費用、場合によっては、スキルをすでに持っている人を新しく探して雇わなければいけません。

その上、未知の領域にチャレンジするということが、精神的不安になることもあるでしょう。

つまり、決断が遅くなればなるほど、サイバー企業化を行うのに、大きな負担がかかるということなのです。

変化に対応しなければいけない今の時代、実は保守的に構えて想像上の安定を取ることこそ、最も選んではいけない選択肢なのです。

「リスクを取る」ということの大切さ

「保守的になるとジリ貧になる」「現状維持は後退と同じ」、私はそう考えています。

時代の変化の影響が激しい今は、保守的になるとすぐに時代についていけなくなります。感覚的、外見的な意味合いではなく、単純に業績が下がるのです。

会社の力が100あるとして、すべてルーティンの仕事に費やせば、目先の安定は得られますが、「それではダメだ」とはっきり言い切れます。

普通の会社でも100のうちの5~20くらいはリスクのある、新しい仕事に廻していくべきです。新たな取り組みがなければ、業界のトレンドが変わったり、時代に大きな変化があったりした時に、すべてがダメになってしまうこともあります。

キリンがなぜ、首が長い動物として生き残ったか、ご存じでしょうか？

一説によるとキリンの首はもともと短く、オスとメスの遺伝子を半分ずつ受け継ぐ中で遺伝子の組み合わせに「ランダム性」が発生し、首が短いキリンの群れの中に数％ほど、首が長いキリンが生まれるようになったそうです。

そして、環境の変化によって食べ物が減り、首の長さを活かして他の動物には食べられない、高い位置に茂っている葉を食べられるキリンが生き残り、首が短いキリンは滅びていった。そうして昔は数％しかいなかった首の長いキリンが繁栄し、スタンダードになったのです。

変わろうとせずに、ただ増えているだけでは、どんなに繁栄しているように見えても、何か大きな状況の変化があると全滅してしまいます。

我々の活動すべてにおいても、同じことがいえます。ビジネスの世界で変化して生き残った、ということでは「富士フイルム」の話が有名です。

富士フイルムは世界に名だたる大企業ですが、２０００年代に入ってから、会社の利益の3分の2を担っていたフイルム事業の売り上げが激減していき「本業消失」といわれる、大きな困難に見舞われました。

この未曾有の危機を、リストラと医療や化粧品、半導体材料などの新規事業の立ち上げで乗り切りました。経営を多角化し、劇的な生まれ変わりを果たして、世間を驚嘆させました。そして現在も成長を続けています。

まさに変化に対応し、生き残って繁栄を続けているというわけです。「富士フイルム」というとアナログなフイルムの会社のようですが、今は先進的な会社の代名詞になっています。

フイルムだけやっていても勝てない。だから、大きなリスクをはらんだ決断を行ったから、企業として成長を遂げました。

日本を代表する大企業である、日立製作所の話もよく語られます。

日立はリーマンショックの煽りを受け、2009年度の決算で、なんと約7873億円という「製造業史上最大の赤字」と呼ばれるほどの窮地に陥りました。

それを、この先の伸びしろが期待できない分野と、成長が見込める分野を見極め、いわゆる「選択と集中」を行い、切るべきは切り、予算を集中するべきところには集中して大規模な改革を行い、そうして得られた経営資源を、AI分野など、最先端のジャンルに集中して投入、ソフトウェア分野でリードする会社となりました。

進化するためには、一部、普段やらないようなチャレンジを試みていないと、全滅してしまうのです。

■デジタイゼーション、デジタライゼーションを進めるための〝重要なポイント〟

変わることの大切さをお伝えしたところで、次に「では、どうやって変わればいいのか？」というお話です。

「変わる」というのは、大変に思えるからなかなか始められないわけで、やり方さえ見えていれば、随分楽になると思います。

基本的な考え方として、会社のコア（中核）にあたる部分はなかなか変えられないので、シェル（殻）の部分から、少しずつ入っていくというのが現実的です。シェルを変えていくことに従業員が慣れれば、コアを変えやすい土壌ができると思います。

①ペーパーレスを目指して紙資料のＰＤＦ化

紙の資料をＰＤＦ化、社内外でやり取りする資料も、ＰＤＦに変えていきましょう。並行して電子印鑑を導入し、紙の割合を減らしていきましょう。

できれば、スキャニングができる場所を新設するのが理想です。なるべく高性能のスキャナを設置し、各々が必要な書類をＰＤＦ化する。専任でスキャニングをやってくれる係が設けられれば、なおよいでしょう。

②クラウド会計の導入は特に重要

クラウド会計の導入は、現在、大変重要なこととなっています。これを導入することで、経理や会計などの業務工数を大幅に削減することが可能になります。

預金取引やクレジットカードの取引データからの自動読み込み機能があり、インストール不要でテレワークとの相性が良い、電子帳簿保存法に対応している、常に最新版が使える、バックアップがしっかりしているため、データ消失に強い、セキュリティが堅固といった、多くの利点があります。クラウド会計は、率先して導入を検討するべきといえます。

そうした上で、第3章で解説したように、社員用の電子マネー対応のアカウントを作り、それに対応した銀行口座を作ることで、キャッシュレス化を進めていきましょう。

③「オフィスレス」により、サイバー企業化は完成する

ペーパーレス、キャッシュレスが進んだら、次に「オフィスレス」つまり、事務所解約です。そう言うと「さすがにそこまでは……」という声が多く聞かれます。

当社もオフィスレスとなりましたが、それはコロナ禍でテレワークが浸透し、それが追い風になった（状況に後押しをされた）という状態がなければ難しかったかもしれません。

現実的な入口としては、本社をコンパクトなところに引っ越したり、必要最低限にした

りして最適化する、ということになると思います。

ただ、自分の経験を振り返って考えてみると、思い切って、オフィスレスをやってしまったほうが、サイバー企業化は進みます。

経営者の思い切り次第、ということになりますが、これによって、家賃関係のコストが一気に軽くなるのは大きいですし、オフィスがないことで生産性の向上、また社員の意識の変化は、決断に見合ったリターンがあるでしょう。

なお、オフィスレスとなれば、必然的にテレワークも実現されます。

④ＲＰＡは大切な働き手と考える

一度導入すると、ずっと働き続けてくれるＲＰＡはサイバー化を支えてくれます。働き手と考えると、導入を前向きに検討する価値はあるでしょう。

⑤ファクスもクラウド版に

「ファクスをクラウド版に変える」というのは、パッとやりやすいですし、費用対効果も高いといえます。

ファクスを使う機会はどこの会社も減っていますし、今まで紙で来ていた資料がデータに変わるだけなので、ＩＴに慣れていない人やサイバー化にアレルギーを感じている人でも受け入れやすいと思います。

時間のかかる作業にはなりますが、過去の紙資料も地道にＰＤＦ化しておくと、後々それは役に立ちます。

サイバー化が進まない！　その状態をどうするか？

ここまで、サイバー化を進めるための方法をお伝えしました。

ただ、これらはあくまで手法であり、実際それがすぐにできるか、と言われると、大きな壁になるものがあります。

それは「サイバー化」に対して、決裁権を持っている人が、簡単には首をタテに振ってはくれないだろう、ということです。現実問題、私もその壁を感じ続けています。

即効性のある問題の解決方法はありません。実際のところ、コツコツやっていくしかないのです。

第２章でお伝えした「デモンストレーション」で実際の動きを細かく見せ、それでだめなら、仕事の一部に簡単なＲＰＡを導入して成果を上げるといった、地道な形を試みることになると思います。

今、進めている仕事の一部に、例えば比較的簡単な、GUIによるRPAを導入して、それがいかに便利で、仕事の効率をアップするかを見てもらうのもいいでしょう。GUIでのRPAは、無料で簡単に始められます。そこで作った実際のものを見せることができれば、説得力が違ってきます。

やはり、まだ成果が挙がっていないものに対して、大きな変化を伴う決断を下すのは難しいのです。私でも新入社員にいきなり「今のままは駄目です。これやりましょう」と言われても、よほどの根拠がなければそれを聞き入れることはできません。

まず、形とその働きを見せてその良さをしっかり知ってもらう、ということが大切です。成果を出すことで発言権を得てだんだん変えていく、というのが現実的です。

API対応のクラウド会計、ファイルの置き場所、BIツールなど、サイバー企業化を実現するために「あるべき」もの

ざっくり、サイバー企業になるまでの流れを説明しました。その中で、サイバー企業にとって必須となる、導入すべきものをお伝えしましょう。

・多数のメリットがある「クラウド会計」

「クラウド会計」とは、インターネットを使用できる環境があれば、いつどこでも会計処理を行える、会計システムです。

クラウド会計サービスは多くの種類がありますが、代表的なのは「freee」「Money Forwardクラウド」「弥生会計オンライン」の3つです。ここから選ぶのが無難だと思います。参考までに、当社では「freee」を導入しています。

クラウド会計には、「電子帳簿保存法に対応している」「預金取引やクレジットカードの取引データからの自動読み込み機能」「インストールが不要なためテレワークに適している」「常に最新版にアップデートされている」「クラウドなのでデータ消失に強い」など、多数のメリットがあります。

さらに、閲覧用のユーザーアカウントが発行できて、第三者に会計状況を見せられるため、税理士や会計士、監査担当らと、総務担当がお互い時間をとって足を運んで、そこで資料を見せて打ち合わせを行う、といったことをする必要がなく、スピーディに、タイムリーに仕事を進めることができます。

クラウド会計なら融資もスピーディ

クラウド会計のサーバ上には会計データが溜まっており、設定、契約次第では、オンラインバンクとも連動できます。銀行が財務状況をオンラインで確認することができ、その会社がどれくらい儲かっているか、財務体質的にどうなのか、というのを融資サービスのAIが判断するので、銀行の担当を通さず、正確に早く融資をしてもらえます。

今までのように打ち合わせをして、決済や稟議などで1ヶ月以上かかってしまう、というのがなくなります。

・APIを活用する

「API（Application Programming Interface)」とは、アプリケーションとプログラムを繋ぐためのインターフェイスです。

クラウド会計にはAPIに対応しているものもあり、用途に合わせてアプリケーションをカスタマイズできます。

当社が「freee」を使っているのは、ここの部分が充実していることが大きいのです。

また、他社のサービスと自社のサービスを連携させることもできます。これから、国の持っているマイナンバーの情報と各社サービス、アプリケーションと連携して、より便利になっていくでしょう。

「freee」はこれを無料公開しており、サイバー企業は、自社で仕組みを作ることに長けていますから、APIと非常に相性がよいのです。

サイバー企業でない場合、システムの外注をするなど、IT会社とタッグを組むのをおすすめします。構築費はかかってしまいますが、APIによる連携を利用しているほうが、より柔軟に業態に合わせることができます。

・ファイルの置き場所

データが重要視される現代の企業において、共用ファイル、つまりスキャンしたデータ、キャッシュレス化データ、会社のコアとなる大切なデータの置き場所を、どういう形式にし、どこに設置するかを決めるのはとても重要です。

このファイルの置き場所は「クラウドサービスを使ったオンラインストレージ」と「自社でシステムを組むNAS」の2種に大きく分けられます。順に解説しましょう。

・日々進化する「クラウドサービス」を利用する

「Dropbox」「Googleドライブ」「OneDrive」、この3つに代表される、データをクラウド上のオンラインストレージに保存できるサービスは、今すぐにも使用を開始でき、大変利便性が高いです。世界的大企業のサービスだけに、使用に安心感もあります。

サイバー化の最初は、クラウドサービスを使用し、どこを使うかは先程挙げました3つの中から選ぶのがおすすめです。どれを選ぶのがいいかは、現在なら、Google一択になるのでは、と私は思っています。

というのは、GoogleフォームとGoogleデータポータルが非常に優れており、それとオンラインストレージサービスの連携が強力で、かつ操作が簡易で誰でも扱えるものだからです。また、スプレッドシートやドキュメントも非常に優秀です。

・NASによる社内ネットワークを作る

NASとは、ネットワーク上で接続できる、ハードディスクドライブのことです。これを、VPN（Virtual Private Network）といわれる、仮想専用線でパソコンやタブレット、スマホ、ファックス、スキャナなどと繋ぎ、離れた拠点間でもバーチャルに繋がるLANを作っています。

VPNを導入すると、会社関係者のみが使用できるプライベートネットワークであることから、外部からのハッキングなどを防止することができつつ、社内の人間であれば、出先からもこのネットワークに入って、データのやり取りができます。

検索するにしても、テレワーク中でも一瞬で、必要な時に取り出せます。

会社の業務体系に合った、細かいシステムの整備ができるので、有用性が高いです。もし、クラウドを使うことに抵抗があるのであれば、ぜひ導入を検討してはどうでしょう。

デメリットはメンテナンスの手間や、HDDやサーバなどの機器が壊れる、というリスクがあることです。壊れたら自分で直すか、専門家に頼まなければなりません。

GoogleドライブやOneDriveは、トラブルがあっても、企業のほうで対応してくれますから、そういう苦労がありません。データセンターがしっかりしているので、セキュリティについても安心感があるというのは見逃せないメリットです。

どちらにもメリット・デメリットがありますので、会社の状況を見て選択してください。もちろん、併用してシステムを作っていくのもありです。

・「BIツール」を積極的に取り入れていく

「BI」とは「ビジネス・インテリジェンス」の略です。サイバー化された会社を運営していく中で、蓄積されたデータの抽出・加工・分析を行い情報を見える化することで、意思決定に活用できる形式にまとめる活動が「ビジネス・インテリジェンス」と呼ばれます。それを行うためのツールが「BIツール」という訳です。

このBIツールの発達は、まさに日進月歩です。よい製品もたくさんありますが、今すぐ使うなら、無料で使い勝手の良い「Googleデータポータル」がお勧めです。

これはGoogleのサービスを中心に、さまざまなデータソースと簡単に接続ができます。Googleには、スプレッドシートがありますが、それと組み合わせて使えるのです。

例えば、「Googleフォームで作られた、問い合わせやアンケートのフォームを見たことがある方は多いと思います。アンケートなどのフォームを簡単に作れるだけでなく、そこに入力されたデータはレコード化され、スプレッドシートに自動的に溜まっていきます。ビジュアル的にわかりやすいグラフにもでき、メンバー間で共有することができるのも大変に便利です。

入力したものをすぐ集計として表示できるので、これからサイバー企業化を始めよう、という方には特に強く、情報の見える化にはGoogleのBIツールを使うことを推奨します。どのサービスを利用しようか迷っているなら、Googleデータポータルを選ぶべきです。

これら大手クラウドサービスの弱点としては、小回りが利かせづらいため、その会社に最適化した運用をするのが難しいことがあります。

また、誰か一人でもパスワードを流出させてしまうと、全員変える必要があり、それが悪意のある誰かに渡ってしまうと、ブラウザからでもスマホからでも容易にアクセスできてしまうという、セキュリティ面でも懸念すべき課題があります。

サイバー企業に「なくてもよいが、あったほうがよりよい」もの

サイバー企業での実務面において、絶対に必要ではありませんが、「あったほうがよい」というものがあります。

その中でも、これは実用度が高く、導入した場合のコストパフォーマンスが高い、というものをお伝えしましょう。

・作業効率を底上げする「デュアルディスプレイ」

デュアルディスプレイは、パソコンの画面を2枚にする、ということです。

仕事はスマホでやるより、パソコンのほうがはかどりますよね。情報表示できる画面は、広く多いほうがよいのです。スマホで仕事をする時は、何回も画面を切り替えなければい

けませんし、画面を切り替えるとそこで思考が止まってしまいます。

画面が大きくなると、マウスカーソルを右から左へ動かすだけでも大変なので、慣れは必要ですが、すぐに馴染むでしょう。

「1枚目の画面で資料を広げながら、2枚目の画面で作業ができる」というのは、作業効率を高める効果は、体感してみるとわかりますが、相当なものです。

最近は、ほとんどのデスクトップパソコンなら、そのまま2枚目を繫げますし、ノートパソコンに、持ち歩きできるモバイルディスプレイを繫げたり、タブレットをパソコンのサブ画面にしたりなど、やり方は多々あります。

デュアルといわず、トリプル（3枚）、クアドラプル（4枚）と、増やす人もいます。単純に画面は多ければ多いほうが、作業効率が上がります。私も4枚使っていますが、プログラマならそれくらいあったほうがいいでしょう。

プログラマでない一般的な職業の方でも、2枚は欲しいですね。マルチディスプレイはとてもよいので、一度試してみてはどうでしょうか。

・ノートパソコンより、デスクトップパソコン

テレワークをノートパソコンで行うのは、私は反対です。

パソコンの処理速度、画面に表示できる情報量、キーボードの打ちやすさなど、あらゆる面でノートパソコンでの作業はデスクトップより効率が落ちます。

可能であれば、自作パソコンがいいでしょう。というのは、リーズナブルに作れるというのもさることながら、メンテナンスしやすいからです。それもフルタワー型など、大きいパソコンが望ましいです。大型の自作パソコンは、カスタムもメンテナンスも行いやすくなるからです。

逆に、オシャレなオフィスに似合うポップで洗練されたパソコンは、デザイン性を重視している分、メンテナンスの難易度が高くなります。

大事な時にパソコンが壊れたら、自作パソコンなら壊れている場所の部品を取り替えればすぐに直せますが、デザイン性を優先させたパソコンはメーカーに修理に出して何週間も待たなければならなくなりかねません。

仕事においては自作パソコンがベストといえるわけです。自作パソコンを扱うことでパソコン自体のリテラシーも強化されます。

・Slackを導入して活用する

Slackとはビジネス用に特化された、メッセージ、チャットツールです。Slackの他にも、

Slackの画面イメージ

▼ チャンネル
プロジェクト
プロジェクト
佐藤○○○
明日の打ち合わせの
資料はどうですか？
山田○○
こちらに添付します。
明日、よろしくお願いします！
1
3
スレッド
伊藤○○○
確認しました。
西村○○○
明日よろしく
お願いします！
太田○○○
確認しました！
プロジェクトにも送信

チャットワークなどが知られています。当社ではSlackを使っています。

これを社内のコミュニケーションに導入すると、リアクションで簡単にレスポンスを返せるスレッド機能など、単純にレスポンスのスピードアップを図ることや情報の整理ができ、仕事をより円滑に正確に進めることができます。

参加者が複数いると誰宛のメッセージなのかがはっきりせず、見逃されてしまうことがあります。そんな時は、宛先を指定してメッセージを送るメンション機能を使うと、誰に見てほしい内容なのかが一目瞭然になります。

Slackのどの部分がビジネスに役立つか？

Slackの利点は、ビジネスでの使用に特化しているところです。

基本的な使い方は、LINEのグループ機能と大体同じようなイメージです。Slackは、例えばプロジェクトごとにチャンネルを立ててグループを作り、そこでプロジェクト関係者が情報や資料を共有することができます。

LINEと違うのはスレッドを持てて、さらに深堀りをしていけることです。

LINEでいろいろな人が会話をしていると、大事な情報が流れていってしまい、10人いるうちの2人にしか関係しない内容の話が続いて、その2人のやり取りで、画面が埋まってしまう、ということがあります。

「自分には関係ない」と思っていると、そこに重要な話が挟まっていた……というのは、よくある話です。Slackはそれを防ぐことができます。

サイバー企業化に適した働き方の提案

システム面をサイバー化したら、働く側、人間のほうもそれに合わせた働き方に変えなければいけません。自宅作業の比重が高くなる分、働き方のコントロールが、オフィスで働いている時より難しくなります。そこはうまく新しい形を作らなければいけません。

テレワークにおける「ルール」を設定する

テレワークはまだ普及し始めたばかり。企業側も、従業員側も、まだまだ手探りという状況があちこちで見られます。

まだ、何が正解か、という共通した認識はありませんし、テレワークという、新しい働き方の中の「常識」は確立していません。

では、当社のケースを一例としてお伝えしましょう。

・フレックスタイムなし、土日祝休み、9~18の8時間時制

ICTの会社でありながら、「フレックスタイム制でない」と言うと、驚かれることがあります。ですが、完全テレワーク制のサイバー企業では、現在これが最適解と思っています。「フレックスタイム制にしても絶対うまくいかないだろう」と、私は昔から思っていました。フレックスタイム制にしてしまうと、それぞれの勤務時間帯がずれ、それによって、連絡を取りたい時に取れないという、テレワークの強みが消えてしまうのです。

また、会社として有給を取りやすくしていることもあり、従業員に連絡がつきやすい、つきにくいという格差が生まれると、「責任感の強い人に仕事が一極集中するようになる」という状況が生まれます。

そうすると、真面目に一生懸命働いているほど負担がかかり潰れてしまうという、誰にとっても不幸な結果になってしまうのです。

ですから、9時から18時までの同じ時間帯の中で働いてもらう形にしています。私は社長なので、土日夜間関係なく仕事するスタイルです。

自ら長時間稼動して、技術を極めたいとか、クオリティを出し切りたいとか、仕事自体がワーク・ライフ・バランスに貢献している人には、昇給しやすくなるなどの形で、優遇するようにしています。

ワーク・ライフ・バランスを保つ、というのがこれからの時代正しいのは間違いありませんが、スタンスを選べて、社内でも多様な意見が共存できるようにしている、というのは大事なことだと思っています。

・1日の始まりに「全員で挨拶」を行い、日報を伝える

「テレワーク＝サボれる、サボられる」というイメージは拭い難いことでしょう。実際、スキを見てサボろう、という人がいるのは事実です。

だからこそ、テレワークにはリアルと同様の規律が必要なのです。

当社では、Ｚｏｏｍやメタバースを使ってのテレワークを行っているのですが、全員揃って一日の始まりに朝礼をやります。

その際、日報を用意してもらい、それをマネージャーや上司が閲覧して一日の予定をレビューし、「今日は何を、どこまでやるのか」というのを明確にします。

テレワークだからこそ、従来式の朝礼を行うことを大事にしています。

・一日の終わりに、必ず「成果物」の提出を求める

日報だけだと、「目標を掲げられたらそれでいい」ということになるので、片手落ちです。

当社でこだわっているのが、一日の終わりに「成果物」を出してもらう、ということです。

成果物とは、例えばプログラマであればプログラムのソースコードであったり、デザイナーだったらイラストやラフを、その他調べ物であれば途中のメモなど、調べた形跡の資料であったりなどを提出してもらいます。やっていることは違えど、何かしら成果物が残るはずなので、それを各自アップしてもらい上司がレビューをする――。そこまでがワンセットです。

単に、テレワークを推進するだけではダメ

これは自分の経験ですが、私はお金が無い時代、取引先に常駐して働いていました。その時、周りに人がいるような状況でも結構サボれていました。

そういったごまかしが利かなくなる方法が、毎日の成果物の提出と上司のレビュー、というやり方です。日報ではウソをつけますが、成果物はウソをつけません。だから、プレッシャーになるはずです。その緊張感が仕事しようという姿勢になっていくのです。テレワークの場合、特にそれが重要です。

こういうレビュー体制をしっかり構築していないと、「当日の朝まで飲んで、寝ぼけ頭

で朝ミーティングをして、日報でそれらしいことを書いて、ミーティングが終わったらすぐ寝て、昼過ぎに起きて、そこから夕方までゲームをして実績に「ここまでやりました」とテキトーに書いて終わり、ということが可能になってしまいます。

しかし、日報と成果物をワンセットにすることで、ちゃんとやるしかなくなります。このスタイルと、テレワークがとても相性がよいのです。

・カメラはミーティング時のみONにし、常時監視はしない

テレワークという働き方において、しばしば議論になるのが「カメラでの監視」です。これは、立場によって意見が違ってくると思います。

上司の側からすればサボられると具合が悪いので、「カメラは常にオンにすべき」と言うでしょう。

部下からすれば、もちろんないほうが気楽ですね。ネットビジネスマナー講師が「オンにしていれば、サボっているとは思われないから、オンにしているべき」と言っているのを聞いたことがあります。

常時カメラをオンにして、ずっと監視しておくというスタイルもありですが、当社ではそれをしません。シンプルに「イヤだな、それ」という思いが、私の中にあるのが一つ。

それから、監視する人が必要ですからその分のコストが掛かりますし、働く側も、監視されていたら間違いなくモチベーションが下がります。

私は社員を監視しませんし、社員も私を監視しません。「その辺は融通利かせるから、逆にちゃんと成果物だけ挙げてくれよ」というのが、私のスタンスです。

極端な話、進捗が良ければ、途中寝ていようが散歩をしようが何をしようが、連絡さえ取れれば構いません。結果として、進捗が成果物を伴って計画通りにいけば、会社は伸びていけるし、お客さんも社員もよくなります。だから成果物を大事にしているのです。

・テレワークに使うシステムはＺｏｏｍで十分

Ｚｏｏｍは、一時期「セキュリティに問題がある」ということが話題となりましたが、すぐに対策を行い、２０２０年5月にはセキュリティ対策を強化した最新版「バージョン5.0」をリリース。現在は安全性の高さが評価され、人気のＷｅｂ会議ツールとなっています。使い勝手もよく、便利なので当社ではＺｏｏｍを活用しています。

どうしても気になる方は、アメリカの大手ＩＴ会社、シスコの「Webex」などを使っているようですが、こちらは相応のコストがかかります。

Googleライクな会社であれば、「Google Meet」、Microsoftライクな会社であれば、

「Microsoft Teams」を使うなど、会社全体を見て、それぞれの環境に合うシステムを選択していきましょう。

「パーキンソンの法則」を常に頭のどこかに置いておく

私が、サイバー化やテレワークだけではなく、仕事を進めていく上で重要だと考えている法則があります。それは、イギリスの政治学者、シリル・ノースコート・パーキンソンが唱えた「パーキンソンの法則」です。

これは、2つの法則により成り立っています。

①第1法則「仕事の量は、完成のために与えられた時間をすべて満たすまで膨張する」

これは実際に私も体感したことがあります。クライアントの会社に常駐して残業が当たり前になってくると、定時がまったく関係なくなり、深夜まで働き続けるようになっていきます。

それが続くと感覚が麻痺してきて、時計の針がてっぺんを回る頃になっても「まだ夜の12時か。楽勝だ」くらいの、ナメた感じの習性になってきてしまうのです。

さらに、「一番集中できるのは夜中の3時」などと言い始めて、そこが基準になっていくので、健康にも進捗にもよくありません。だからこそ、定時で区切って、レビューをするというのを大事にしています。テレワークの話に限らず、この第1法則は特に重んじています。

②第2法則「支出の額は、収入の額に達するまで膨張する」

これは「もらった予算を全額使い切る」という、行政の仕事でよく聞く話ですね。「予算を使い切らないと、来年の予算が減らされる」という理屈はあるでしょうが、それでは、組織を活かすことに繋がりません。

BIツールを使えば、予算に関する数字を見える化することができます。必要な所に必要なだけ予算を投じるという正しい判断が行え、経営コストの削減に繋がります。

「リンゲルマン効果」の発生を防ぐ

「リンゲルマン効果」というのは、フランスの農業工学者マクシミリアン・リンゲルマンが提唱した現象で、「社会的手抜き」とも呼ばれ、簡単に言うと「人が増えるとサボる人も増える」というものです。

実際、人が増えると手を抜く人がどうしても生まれるものです。社会現象として確認されているほどで、ある程度は仕方がないのですが、これを抑制できます。

例えば、Slackのスレッド内の関係した発言にメンションなどをつけて無理やり案件を関連付け、サボり始めた人に案件に関わる必然性を与えて、当事者意識を持ってもらうことができます。

また、朝会で直に話したり、日報や成果物の提出で進捗を確認します。

デジタルならではのコミュニケーションを積極的に使っていく

ＬＩＮＥの普及を支えた、大きな要素の一つに「スタンプ」の存在が挙げられます。スタンプはリアルの会話にない、手紙でもできないような、デジタルならではのコミュニケーション手段といえます。

Slackにこれに似たようなシステムがあり、リアクションがとれます。さまざまな絵文字がありますし、自作した絵文字を使うこともできます。

デジタルの世界のコミュニケーションに、「心がこもっていない」「冷たい」という印象を持つ人は、少なくないのではないでしょうか。

特に、ある程度年配の方は「画面越し、コンピュータ文字の交流は味気ない、アナログが一番、心のこもったやり取りができる」と言う人は、今でもいます。

でも、アナログにアナログのやり方と良さがあるのと同じで、デジタルにはデジタルの良さ、やり方があるのです。

Slackなどのチャットツールでは、ボケたりギャグを言うのに、サンプリングした音声や動画、合成写真を使うこともできます。

それに対して、また音声や画像を使ったツッコミを入れるというやり取りは、デジタルでしかできないことです。デジタルならではの笑い、アナログではできないコミュニケーションの取り方です。

アナログじゃないとそういったコミュニケーションができないと決めつけるのではなく、デジタルならではのコミュニケーションが取れることも知っていただきたいです。

サイバー企業ならではの、コミュニケーションの取り方：リアル編

完全テレワーク制を導入し、それを進めてはいますが（2023年時点）、現代ではどう

しても「会ったほうがいい」という状況は生まれます。特に、新人育成はそうです。仕事の具体的な内容やアプリケーションの操作の仕方などはオンラインでフォローできますが、そもそものキーボードの打ち方やショートカットの活用法など、画面共有しにくいもの、よりインフラに近いところに関しては、実際に会って話したり、研修をしたりしたほうが確実で迅速な対応ができます。

当社は「AdminBasez(アドミンベース)」という、コミュニケーションスペースを持っています。もちろん、社内交流だけでなく、取引先や関係者との対面の打ち合わせにも使用しています。

ここには大型モニタを設置し、マイクスピーカーもあるので、身一つでオンラインミーティングができるような設備を整えています。

また、アドミンへの郵便物が届くようになっており、スキャナがあって、唯一テレワークではない担当者が一人常駐し、運営しています。

サイバー企業とはいいますが、リアルスペースがあることで、他の会社に合わせやすくなります。サイバー企業の強みを活かしつつ、ないところを補強してくれます。

そこでアナログでの絆を育むのが目的です。これまで、月一で例会や懇親会を実施してきましたが、コロナ禍で止まってしまいました。今後の状況を見て、これらを復活させていきたいですね。

ミーティングスペースをどうやって持つか？

とはいえ、ミーティングスペースを持つのはコストが掛かります。当社は、長崎市をスマートシティ化していきたいというビジョンがあり、長崎市役所の近くに「AdminBasez」を設けた訳です。家賃が低めの地方はまだいいですが、東京や大阪といった、家賃が高い大都市ではさらに難しくなるでしょう。

常設でなくとも、スタッフが集まりやすい場所でレンタルスペースを借りたり、皆が集まれる場所はあった方がいいでしょう。

また、最近のバーチャルオフィス（事業に必要なオフィス機能の一部を利用できるオフィスサービス）は、電話対応や郵便の取り扱いができるなど、秘書機能を持っているところもあります。

そういうシステムを活用すれば、オフィスは持たずに企業の活動ができるようになり、コストを抑えることが可能になります。

デジタルとアナログのコミュニケーションで「フランクな環境」を作る

「サイバー企業を運営していく上での、人心掌握術は？」

そんな風に聞かれることがあります。少し違うかもしれませんが、よい社内環境を作るために心がけていることはあります。

それは「フランクな環境を作る」ということです。

フランクな環境というのは、気軽に会話が始められたり、冗談を言ったりできる、そういう空気感のある環境のことです。それは、リアルでもデジタルでも同じです。

サイバー会社はやり取りが機械的になるのではと思われがちです。リモートで、マジメなやり取りをしているだけだと、仲間意識も薄れてしまいがちです。

だからこそ、フランクなところを大事にしたいと考えています。

具体的には先に挙げたSlackを活用して、日常的なこと、些細なことのやり取りを行い、飲み会もなるべく開催するようにしています。アドミンでは例えば、ゆるい一発芸大会をして、芸を競い合うなどの企画をやっています。緊急事態宣言下では、総会はオンライン総会でやりました。

また、たまに朝礼でグッド&ニューの共有を行っています。これは「24時間以内にあった、新しい発見とか、よいこと」を、1分程度にまとめて報告し、それについてリアクションする、というものです。

よいこと、新しいことを見つけるとポジティブになれますし、それを肯定的な気持ちで捉えることは、チームビルディングに有効です。これはＺｏｏｍでも簡単にできて、おすすめです。

そういう、繋がりは大事にしていきたいかなと思っています。そういう風になると、会社をよくするための新しい発想が生まれてくると思うのです。

実際、会社をフランクな空気感にしていくことで、売り上げも利益も増えました。

それは単純な理屈で、お堅い葬式みたいな職場で上司と部下と同僚の仲が悪い、という環境では「この人のためにがんばろう」とは、とても思えませんよね。

会話もないから、必要最低限のコミュニケーションも取れていない状況では、短期的に見ても長期的に見てもマイナスにしかなりません。

フランクにすると会話が出てくるので、その人の人となりなどもわかり、フランクな中で情報交換もできます。「この人のために頑張ろう」と思えるようになり、売り上げアップ、会社の利益増という状況を作り出せるのです。

「嫌だ、嫌だ」と思いながらやっているのと「楽しいことあるな」と思いながらやっているのと、どっちがストレスを減らせるか、それは明白です。

昔ながらの日本企業の一部は、従業員を追い込むことばかりで、環境をよくしようという取り組みが足りないところが見受けられます。

社員同士の接触場面を極力減らし、会話がない、とことんシステマチックな会社もあります。

一方で、環境がよい仕事場はヒアリング量が増え、やり取りできる情報量が多くなるので、絶対に製品としてもいいものができあがるはずです。

そして、意思疎通がちゃんとできていれば、戻りもないから利益率が高くなり、必然的に業績は挙がります。

デジタルをメインにすると、めったに直で会わないからこそ、何でもないようなコミュニケーションを大事にしないといけない、と考えています。

上場すると、何が可能になるのか?

日本の企業数は約367万社といわれ、そのうち日本証券取引所での上場企業数は3859社（2022年12月20日現在）です。IT系の企業は470社ほどあります。

サイバー企業が上場すると、何ができるか？　私たちが掲げる、テクノロジーによって世の中の課題を解決すること。そして、社会の発展に貢献することが大きく前進します。具体的には上場すると、市場から資金調達ができるようになります。

今の段階では世界の情勢（パンデミックや紛争など）もあり、はっきりいくら集まるというのは見えません。上場でようやくベースが作れる状態になり、そこからどう動くかによるのです。

持ち株の数％を市場に出してそれを資金にする、または、株自体に価値がついているからそれを担保にして融資を受ける、さらに新規で株を発行するなど、それは案件に応じて変わります。

ただ、いろいろな手段で資金を集められるようになります。そして、お金が増えればできることも増えます。

企業理念に基づきアクションを起こすにも、10で動くか100で動くか1000で動くかで、波及効果はまったく変わります。そして1万の力で動きたければ、上場しなければならないのです。現状のように、5とか10とかでこじんまりやっていても、世の中を変えることは難しいでしょう。

また、そうやって大きな波及効果を持って動けるようになると、より大きな事業も可能になります。

私も上場して資産調達ができたら、例えば企業買収などでDXを推進し、世界を変えていきたい、と考えています。

「起業」の仕方と「株式会社」転換のタイミング

私の経験から「起業は簡単だ」ということは、強調してお伝えします。

個人事業でしたら、税務署で簡単な書類を書いて届け出を出し、後は名刺を作るだけで、今日からスタートすることが可能です。

株式会社にする際は、定款や登記等が必要になります。税金・収入印紙だけで10万円くらいかかりますから、最低でも20~30万円は必要です。

株式化は軌道に乗ってからやればいいことです。株式会社からスタートするという必要性はないと思います。

では、どのタイミングで株式会社にすればいいか？

それは「さじ加減」なのですが、教科書通りに答えるなら、利益が800万円くらいになると所得税が大幅に上がるので、株式会社にしたほうがいい、という状況が生まれます。

利益が300万円なら所得税は10%くらいですが、900万円だと33%、4000万円だと45%になっていきます。

これを株式会社にすると、800万円超で法人税が上限の23%になり、節税的なメリットが出てきます。ですので、このラインが一つの目安といえます。

その他に、株式会社化は「社会的信用の向上」という、大きなメリットがあります。当社も法人化した時には、利益は900万円ありませんでしたが、法人というだけで信用は上がります。実際、法人にするだけで仕事量が大幅に増えました。

だから別に、税金だけではないのです。集客に関してもメリットが出てきます。

わかりやすく乗り物に例えると、個人事業は原付バイクです。1日で免許が取れます。株式会社の難易度は、普通自動車くらいです。教習場に行くので、20万円ほどお金がかかって時間もかかります。上場は、プロのバイクレーサーになってロードレースに参加するような感じです。さらに費用がかかり、専門知識や実績、入念な準備が必要になる、という感覚です。

サイバー企業化をスムーズに進めるポイント

最大のポイントは「いち早い決断」

決断が遅くなればなるほど負荷がかかる

↓

リスクを取らないと大きな状況の変化に対応できなくなる

スムーズに進めるには?

DXの前段階のコア(中核)ではなく、シェル(殻)から手をつける

1 ペーパーレスを目指して紙資料をデータ化
2 オンラインバンキングと電子マネーを導入して、キャッシュレスを実現
3 クラウド会計の導入は特に重要
4 「オフィスレス」でサイバー企業化は完成
5 RPAは大切な働き手と考える

↓

サイバー化が進まない場合
「デモンストレーション」で実際の動きを細かく見せる
仕事の一部に簡単なRPAを導入して成果を上げる

実現するために「あるべき」もの

- クラウド会計(API対応)
- ファイルの置き場所
- BIツールを積極的に取り入れる
- RPAを活用する
- クラウドサービスを利用する
- NASによる社内ネットワークを作る

サイバー企業化後は

・テレワークの「ルール」設定が大切
・サイバー企業だからこそ、コミュニケーションを大事にする

第5章

これからの社会はどうなるか、そこで何をすべきか

——これから私たちがやろうとしていること

サイバー企業の未来

ここまで、サイバー化されていく時代と、実際にどう変わっていっているか、そしてそんな時代にどう対応していけばいいのか、ということをお話ししてきました。

最後の章で語らせていただくのは「これからの未来について」です。

まずは、すでに私たちの生活からは切っても切り離せないものになっている「ＡＩ」の最前線についてから始めます。

「弱いＡＩ」「強いＡＩ」とは？

ＡＩについては第2章でお話ししましたが、ここではその最前線と、これからどう進化していくかを説明します。

まずは、「弱いＡＩ」と「強いＡＩ」から始めましょう。

「弱いＡＩ」「強いＡＩ」というのは、役割を示したものであり、優劣ではありません。「弱いＡＩ」というのは、一つのことに特化した人工知能のことです。

例えば、Gmailのメールアドレス入力欄に「ｙａｍａ」まで入れたら、「これは山口知宏のメールアドレスが出したいのだな」と残りの部分を出してくれたり、翻訳であいまいなところは、文脈やこれまでの検索履歴やデータの蓄積で補って訳してくれます。

また、YouTubeやAmazonなどでは、購入履歴、検索履歴から「おすすめ」を表示したり、スマートスピーカーの音声入力でも機能しています。

さらに、将棋の対戦相手や自動運転など、プログラムが学習した結果が蓄積され、それを表示するようなものは全部「弱いＡＩ」です。

「弱いＡＩ」は、与えられた仕事をオートマチックにこなしますが、与えられた役割に特化しており、明確な利用シーンがあります。特化された分野では人間を凌駕しますが、その力が発揮されるのは、あくまで特定の課題の範囲内にとどまり、人間の持つ能力の一部を代替するだけです。つまり、人間のような能動的な判断はできません。

今、使われているＡＩの多くは、「弱いＡＩ」と考えてもらって間違いありません。対して「強いＡＩ」というのは、汎用性を持つ人工知能です。マルチタスクを行う中で、それぞれのタスクを連動して動かせるイメージです。

実際は、人間と同じく自意識を保ち、限定された分野でなくても、多角的に蓄積された情報から学習し、総合的に判断して実行していく力を持ったもの、と定義できます。

しばしばSFに登場し、人類滅亡をもくろむ悪いAI、例えば『ターミネーターシリーズ』に出てくる超コンピュータ「スカイネット」はまさにこれです。人間のようで人間を超えるもの、ということになるのでしょうか。

とはいえ、人間を超えるというものの、人間の何を再現し、何を超えればいいのか、そのためには何を再現してどんな技術を使えばいいのか、という定義から始めなければならず、求められる技術も大変にハイレベルで、まだ現実化はしていません。少なくとも、商用になったものはありません。

「強いAI」は、将来的にうちでも開発をしたいと考えています。僕の野望としては、弱いAIをシームレスに繋いで、統括するソフトを作りたいと考えています。

例えば、コーヒーを作りながらしゃべる、これはそれぞれ「コーヒーを作る」「しゃべる」という、それぞれ別の「弱いAI」的な働きと考えることができます。

それが、コーヒーを作りながら、温度や相手の好みは何か、深煎りが好きか浅いほうがいいのか、砂糖とミルクは必要だったか、などと考えながら、伝えたい内容を整理してしゃべる内容を考える、というようなことを統括してできるようになると、「強いAI」に近づきます。

ロボットに置き換えると、コーヒーを作る、何かを伝えるために人工音声で喋らせる、それぞれ別々ならすぐにもできますが、それらをシームレスに統合するのは極めて難しいのですが、人間はその一つひとつの統合を、ものすごくうまくやっています。

これを人間のように統合させられたら、つまり「強いＡＩ」が実現できるのでは……と、勝手にその統合プログラムに「ＡＩコントローラー」という仮名をつけました。しかしまだ構想の段階で、実現は当分先になりそうです。

ロボティクスと密接に結びつく「ディープラーニング（深層学習）」

また、今後やっていきたいロボティクスの分野に密接するのが「ディープラーニング（深層学習）」です。

人間の神経細胞の仕組みを再現した「ＡＩに学習させる技術」の一つで、コンピュータなどの機器やシステム自体が大量のデータを学習し、データ内から特徴を見つけ出します。多層構造の複雑な情報を深く読み取ることができるようになることから、「深層学習」と呼ばれています。

試行錯誤しながら成長していく、というのがディープラーニングの特徴です。

例えば、ロボットのアームで生卵を掴むプログラムを作ろうとすると、これまでは、Ｘ

座標・Y座標・Z座標を数値化して、アームの強さを卵を割らない程度にして……と、ひたすら描き込んでいき、プログラムを走らせてみて、うまく摑めなかったり、力加減の設定を間違って、卵を割ってしまったりしたら、その度、数値の調整をする、とやっていたものでした。

これは大変ですし、また細かい融通が効きません。

それが、このディープラーニングを使ったものであれば、成功体験を学び動作の最適化を行っていき、求められる局面に対応していくことが可能になります。

一度作ってしまえば、そのようにとても汎用性が高いものができあがるのです。

・ディープラーニングとロボティクスの組み合わせが秘めた、大きな可能性とは

ディープラーニングのもう一つの特徴は、コピーができることです。

これは人間と比べると、その利便性の高さがわかっていただけるでしょう。人間に工場のラインで、車の部品を作る仕事をしてもらうとして、その教育に20時間かかるとします。

そして、そのラインに10人が必要になるとして、順番に一人ずつ教えたとしたら200時間かかります。コストもそれに比例した大きさが必要になります。

これが、ディープラーニングを使ったロボットで同じ作業ができるなら、ディープラー

ニングで車の部品を作れるようになるまで学ぶのに、20時間かかったとしてもプログラムですから、あとは時間もコストもかかりません。コピーするだけで、同じ練度と能力を持った労働者が作っていけるのです。

そこが画期的で、だからこそロボットに応用がしやすいと、はっきりと言えるわけです。

・第1次産業と、ロボティクス&ディープラーニングの親和性の高さ

ロボティクスの普及を考えた時、今、注目しているのが、第1次産業のこれからです。我々第3次産業は、そもそもデジタルとの相性がよく、自然にデジタル化、サイバー化が進んでいくでしょう。第2次産業も生産ラインの自動化が導入されているところは多く、それほど大きくは変わらないと思います。

ですが、第1次産業については、サイバー化がそれほど進められてきませんでした。第1次産業は、ほぼアナログの世界ですし、高齢化が進み、特に課題が大きいです。だからこそ、自然を相手にテクノロジーを活かしていけます。

最近よく耳にする「ブロックチェーン」とは？

ブロックチェーンとはデジタルデータ（ブロック）を改ざん困難な形で時系列に連結して記録する技術です。

ブロックチェーンには次の3つの特徴があります。

1 改ざんが非常に困難
2 システム障害に強い
3 非中央集権の管理体制

冒頭ではデータの構造について解説しましたが、コンピュータの構成について従来のシステムとブロックチェーンを比較した図（179ページ参照）を見てみましょう。

Webサイトや、SNS、クラウドアプリケーションなどは、通常「クライアント・サーバ方式」が取られており、中央集権化した組織がサーバを管理し、そこに私たちのパソコンやスマートフォンがアクセスし、サービスを利用しています。

この方式の問題点として、サーバがハッキングされ、情報の改ざんや漏洩するリスクや落雷や地震による破損があります。すると、私たちはサービスを利用することができなくなります。また一つの組織が情報をすべて管理することで、ユーザーが意図しない個人情

クライアント・サーバ方式とブロックチェーンの違い

クライアント・サーバ方式

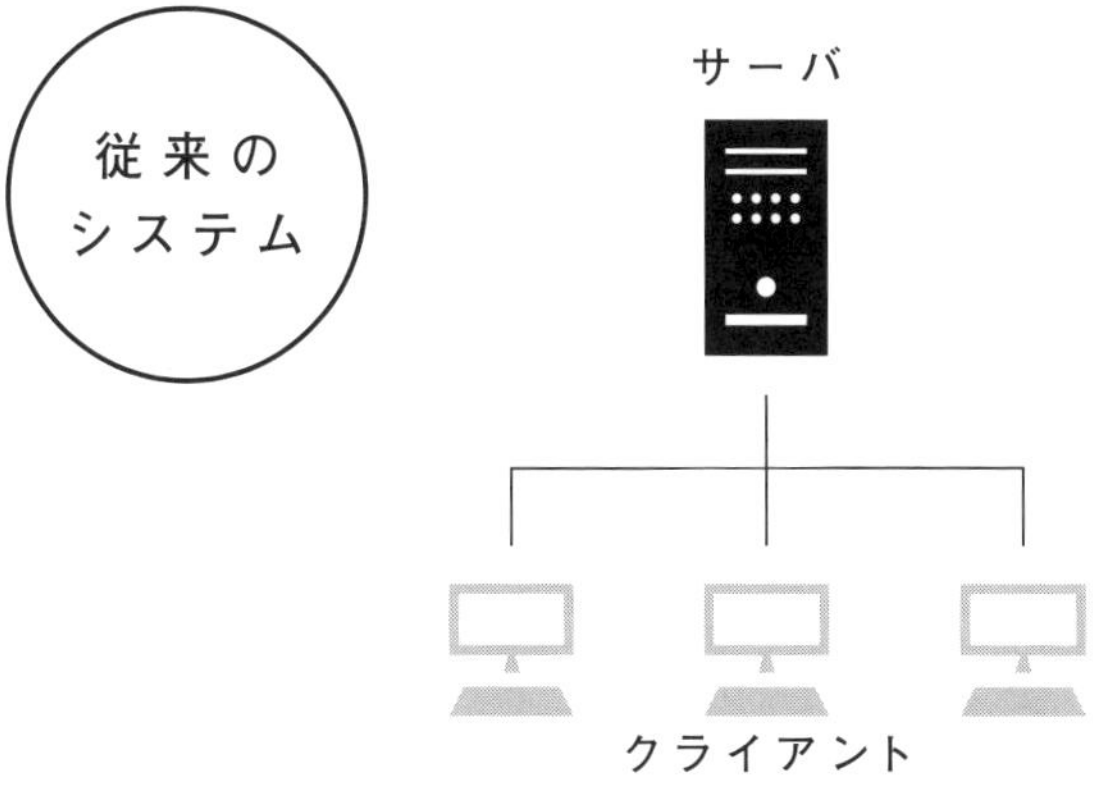

中央集権化した組織がサーバを管理。そこに私たちのパソコンやスマートフォンがアクセスし、サービスを利用。

ピアツーピア(P2P)方式

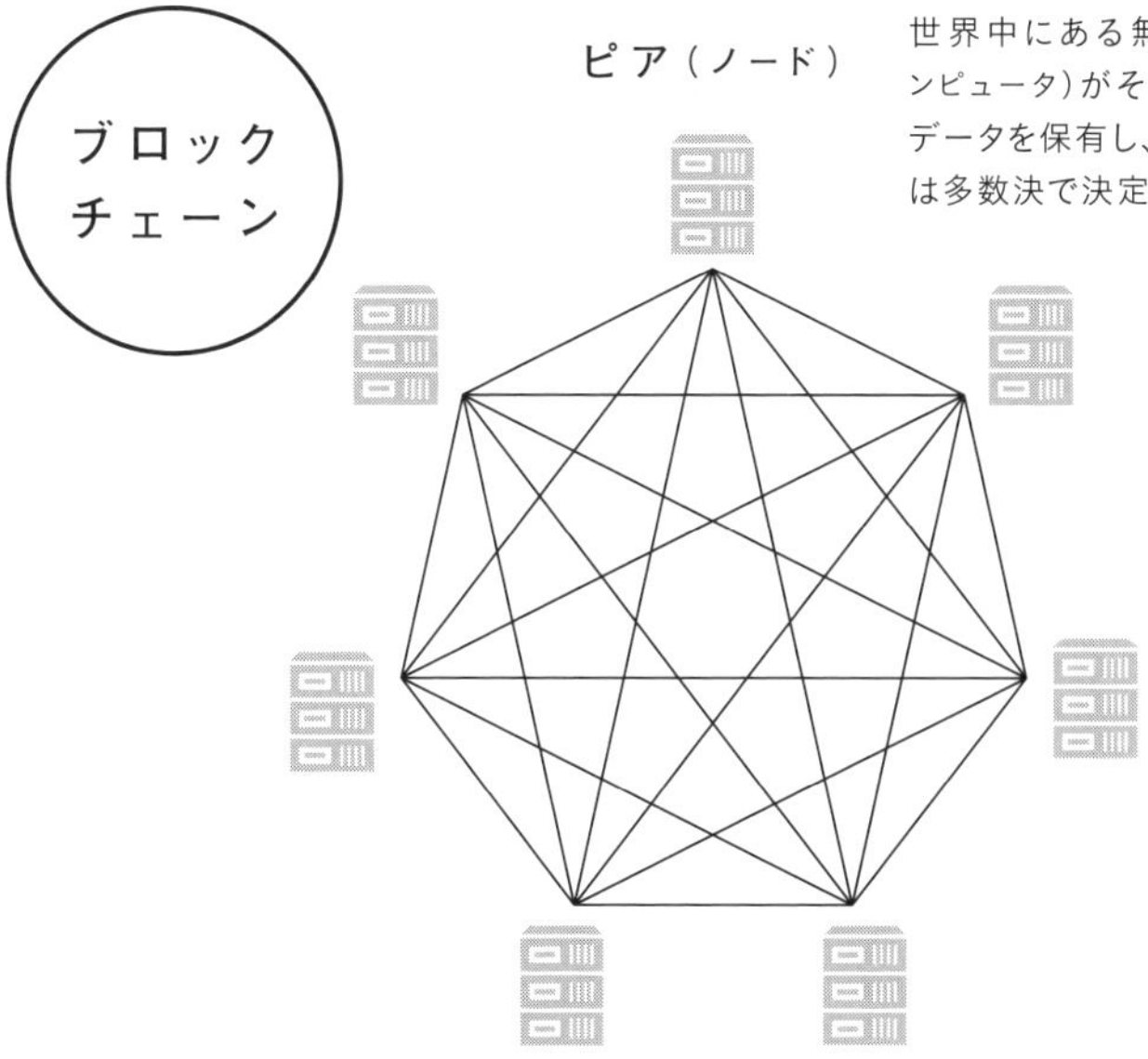

世界中にある無数のノード(コンピュータ)がそれぞれ独立してデータを保有し、データの整合性は多数決で決定。

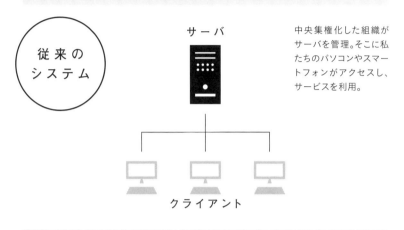

報の利用やデータの削除が容易にできてしまいます。

対してブロックチェーンは、「ピアツーピア（P2P）方式」が取られており、世界中にある無数のノードというコンピュータがそれぞれ独立してデータを保有。データの整合性は多数決で決定します。

つまり、仮に1台のコンピュータがハッキングされたとしても、残りのコンピュータが保有しているデータと整合性が合わなければ後者が正と見なされる仕組みです。

世界中に散らばっているノードを一度にすべて破壊することは不可能ですし、51％分のノードを同時にハッキングすることも極めて難度が高いため、システム障害とデータ改ざんに非常に強いシステムとなっています。

さらには誰も管理者のいない分散型の運用のため、従来のシステムのように特定の管理者の意思で、情報操作ができないのが特徴です。ブロックチェーンのすべてのデータの取引記録はインターネット上に開示されています。

日本では、ブロックチェーンの技術は主に暗号資産（仮想通貨）として利用されていますが、その中でもビットコインが代表格です。ビットコインは日本時間で2009年1月4日3時15分に稼働が開始しました。そして今日に至るまで、システムは1秒も停止していません。みずほ銀行のシステム障害がよくニュースで話題になりますが、「絶対に落ちないシステム」という要件で作られた東京証券取引所のシステムですら障害が発生する世界で、1秒もダウンせずに動き続けるブロックチェーン技術には驚きます。

トラストレスとは？

ブロックチェーンは、改ざんと障害への強さ、中央管理者が存在しない透明性があるという特徴があります。

これらのブロックチェーンならではのメリットを総称して「トラストレス」と呼ばれています。ブロックチェーンの世界では「相手を信頼する必要がない」という意味で使われます。ブロックチェーンは改ざんすることができないため、ブロックチェーン上に記載されている取引条件に従って相手と取引をすれば、結果的に相手を信頼する必要がありません。これは非常に革新的なことです。

このトラストレスの強みによってブロックチェーンは、送金、権利証明、データの売買、サービス利用時の支払いなど、さまざまな分野に応用が利きます。

ここでは一つだけ「分散型金融」への応用について紹介します。

皆さんはお金を銀行に預けているかと思います。そして銀行は預かったお金を利用して、企業に貸し出したり、為替取引したり、株式や国債を売買したりして運用しています。

この運用益として利息を私たちに還元してくれるのですが、現在の普通預金の金利はなんと0・001%です。金利の存在を忘れてしまいそうになるぐらいの数字ですよね。なぜこのようなことが起こるのか？

それは多くの運用益が出ても銀行には銀行員の人件費、本店や支店の建築費、維持費、ATMの設備費など多くの費用が掛かるため、わずかな利息か払えないということなのです。

銀行のような中央集権型金融の仕組みを「CeFi(Centralized Finance)」といいます。対してブロックチェーン技術を応用した分散型金融の仕組みを「DeFi(Decentralized Finance)」といいます。

DeFiサービスを利用することで、資産の運用をブロックチェーン上で行うことができます。

私個人も多くの暗号資産をDefiサービスに預けています。そして銀行のようにDefiサー

CeFiとDeFiの違い

CeFi（Centralized Finance）

＝銀行のような中央集権型金融の仕組み

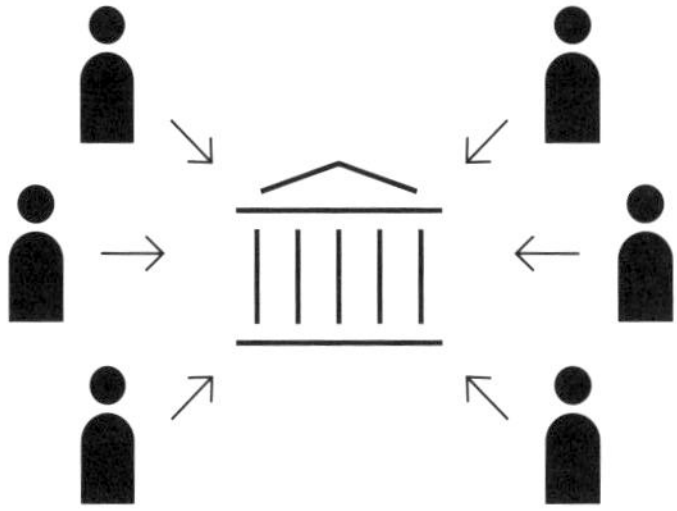

中央組織や銀行員、警備員、建物、設備が信頼を担保
→コストが高いので利回りが低い

DeFi（Decentralized Finance）

＝ブロックチェーン技術を応用した分散型金融の仕組み

ブロックチェーンが
信頼を担保（トラストレス）
→コストが
かからないので
利回りが高い

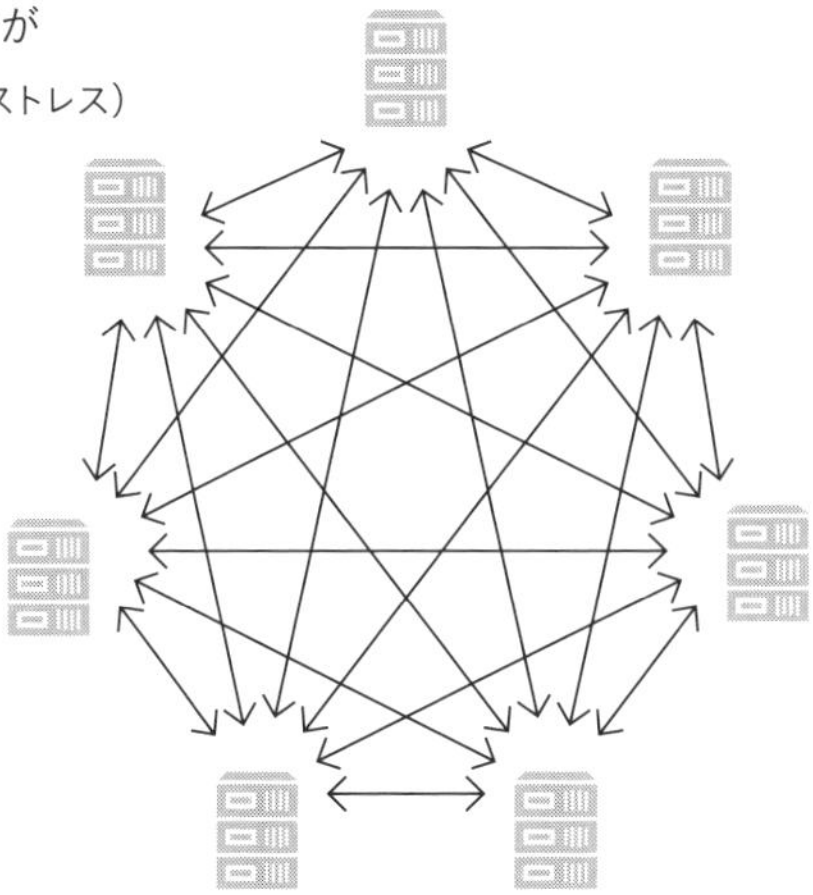

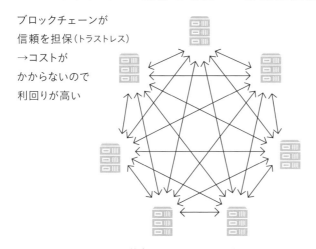

ビスでは預かった資産を用いての運用が行われていますが、そこでは人件費も支店代もATM代もかからないため、運用益の多くがユーザーに還元され、高利回りでの運用が可能となります。

私には現状年利で約20％の運用益を受け取っています。

これをサイバー企業に応用すると、財務三表中のキャッシュ・フロー計算書（C/F）の投資活動によるキャッシュ・フローを増加させることができ、運用益が増えることで現預金を増やすことができます。

仮想通貨の運用やDefi収益の納税に関するリテラシーが必要となりますが、今後研究してみる価値のある分野です。日本は資源のない島国ですが、資産とコンテンツ、優秀な人材がいる日本全体においてもブロックチェーンを活用しない手はないと考えています。

現在、一部の理解のある国会議員が奮闘し業界を盛り上げようと議員間で啓発活動を行っており、国家戦略にも組み込まれつつあります。今後の法改正やマーケット拡大に期待しましょう。

「メタバース」を知っていますか？

SNS世界最大手の米フェイスブックは社名を「メタ・プラットフォームズ」に変更すると発表し、話題となりました。これは研究開発中のメタバース事業のイメージを強調するためです。

メタバース（Metaverse）とは、多人数が参加可能で、参加者がその中で自由に行動できる、通信ネットワーク上に作成された仮想空間のことです。

メタバースという言葉は、メタ（meta：超）とユニバース（universe：宇宙）から作られた合成語で、インターネット上に構築される多人数参加型の仮想世界を指す言葉として使われています。

メタバース内のユーザーはアバターと呼ばれます。VR[※1]と連動しメタバース内でアバターを操作することにより、さまざまな行動をすることが可能となっています。アバターの行動に制約がないことから、現実世界同様、娯楽はもちろん、商業、芸術、メディア、広告、医療、ソーシャルコラボレーション、その他のビジネスなどさまざまな展開が期待されています。

メタ・プラットフォームズ社は何と年間約1兆円の投資を行っています。また、欧州で

1万人を雇用するとの発表があり、メタバース関連の人員増強に余念がありません。

なぜここまで規格外の積極投資を進めるのか？　それは今後2030年までに約1600兆円規模になると予測されているメタバース市場のシェア獲得を目指しているためです。

ここまで市場が拡大する背景としては、やはりブロックチェーンの技術の存在があります。これまでの仮想空間との絶対的な違いは、NFT※2の導入でデジタル商品に唯一無二の価値が生まれるためです。またブロックチェーン上での取引を簡潔に実行することが可能となります。

DXの今後のフィールドの一つとして今のうちから考慮しておくべきトピックです。

※1　VRとは、人間の感覚器官に働きかけ、現実ではないが実質的に現実のように感じられる環境を人工的に作り出す技術。
※2　NFT（非代替性トークン）とは、ブロックチェーン上に記録される一意で代替不可能なデータ単位である。NFTは、画像・動画・音声、およびその他の種類のデジタルファイルなど、容易に複製可能なアイテムを一意なアイテムとして関連づけられる。

「ＩｏＴ（Internet of Things）」によって世界はさらに変わる

これから間違いなく発展していく事柄に「ＩｏＴ（Internet of Things）」といわれるものがあります。インターネットは、ネットの空間で完結するものが多かった訳ですが、その世界が広く深くなっていくことで、ネット空間に留まらない動きが加速しています。

これはひとことで言うと「今までにインターネットに繋がっていなかったモノを繋ごう」という働きです。

この働きには、水産業や農業、介護といった力仕事など、現実世界での、ロボットなどの働きも含まれます。

その中で、重要な役割を担っているのがロボット工学、いわゆる「ロボティクス」です。

第１次産業は、サイバー化による伸びしろが大きい

当社のようなシステム会社であれば業務のほとんどをパソコンでできるので、サイバー企業化を非常にスムーズにできる業種です。

ですが、例えば漁業や農業などの第1次産業や介護など、生活を支える分野はサイバー化が進んでいません。だからこそ、これから先、伸びしろがある業種なのです。また、高齢化が進む業種でもあるため、サイバー化を進める意義があります。

プログラムは電子の世界での働きかけだけですが、そこにロボット技術を組み合わせることで、物理的な面でサイバー化が可能となります。

一つ事例をご紹介しましょう。

当社のパートナーで「杉原エンジニアリング」という会社があります。そこは五島列島のお土産として知られている「イカフライ」という、イカをフライにしてピリ辛の味付けをした美味しいお菓子の生産をしています。

その生産過程に、ベルトコンベアに乗って大量に流れてきたイカフライを、7人くらいの人員で確認して（主に形を見る）、出来の悪いものを選り分けるという工程があります。

そこにロボットが導入されました。まず、ＡＩに見本の形を写真から記憶させます。それに従って、ベルトコンベアを流れていくイカフライをカメラが見て、ＡＩの判断に基づいて「あり・なし」を解析し、その判断に従ってロボットのアームが動き、仕分けを行うというシステムです。

杉原エンジニアリングさんでは、長崎の銘菓・九十九島せんぺいの袋詰めでも、このようなロボットを使っています。

少し前に、似たようなケースが話題になりました。元SEのキュウリ農家の話です。キュウリの選別は、形や大きさや色合い、ツヤ、曲がりの度合い、長さなど、たくさんの判断を行わなければなりません。しかもそのスキルを持っている人がおらず、母親が1日何時間も苦労をしている状況を改善するために、キュウリの選別にAIを導入しました。仕組みの基本は、イカフライの選別で使われているものとほぼ同じです。見本を覚えさせて、ベルトコンベアにキュウリを乗せ、ベルトコンベアを流れていくキュウリを画像判別機で判断・選別していくシステムを作っていました。

これからは、あらゆる分野で、こういう試みがなされて、実現していくことになるでしょう。

アドミンのこれからのステップ

これからのITビジネスは、情報という大きく広がっていくものを商材として扱っていく以上、コンパクトにまとまるのではなく、どれだけ大きなムーブメントにできるか、というのが大前提になるでしょう。

そして、大きな動きをするには、上場というのが重要なステップになると思っています。それが、知名度であったり、ブランド力であったり、資金調達力であったり、それらが大きな事業を行うことに繋がっていきますので、そういった取り組みをやっていきます。

2025年の上場を目標にしており、そこに向けてまだまだ、売り上げを上げていかなければいけません。監査法人の費用だけで年間2000万円くらいかかりますから、利益で1億円以上ないと、厳しい。

そこを越えていくアドミンにしかできないものを、上場に向けて作り込んでいかなければいけません。そういうサービスの作り込み、売り上げ、内部統制、大きくいうとこの3つを推進しています。

2023年はさらに大きなチャレンジに挑みますし、私もアップデートを続けていきます。社会をよりよいものにするために、当社は**「私たちはパートナーと共に世の課題に挑戦し続けます。そして、テクノロジーの発信拠点として社会の発展に貢献します」**という理念をこれからも追い続けます。

長崎市で取り組んでいること

私は今現在、長崎市のＤＸ推進委員会にも参加していますので、積極的に提言していく、というのもしていかなければいけないものだと思っています。

そのためにはマイナンバーとの連携などを進められるようにして、ご高齢の方々や自治会、社会福祉法人といった組織ともうまく連携していかなければなりません。

そういう方々が置き去りにされて使えないようなＤＸなど考えられません。誰もが便利にならないと、長崎市をスマートシティにする意味がありません。

そのような取り組みをしつつ、「ルートヴィレッジ」（195ページ参照）を発展させて日本のスマートシティのモデルケースにし、世界と未来に発信していければと思っています。

これからの社会と当社のステップ

弱いAI、強いAIとは？

- 弱いAI＝プログラムが学習した結果を蓄積して表示
- 強いAI＝汎用性を持つ人工知能で、
  マルチタスクを行う中でそれぞれのタスクを連動して動かす

ディープラーニング（深層学習）とは？

コンピュータなどの機器やシステム自体が大量のデータを学習し、
データ内から特徴を見つけ出す技術

ブロックチェーンとは？

デジタルデータ（ブロック）を
改ざん困難な形で時系列に連結して記録する技術

メタバースとは？

多人数が参加可能でその中で自由に行動できる、
通信ネットワーク上に作成された仮想空間

「IoT（Internet of Things）」とは？

IoTでインターネットに繋がっていなかったモノを繋ごうという働き

↓

第1次産業（漁業や農業）や介護など、生活を支える分野はサイバー化が進んでいないからこそ、サイバー化による伸びしろが大きい

サイバー企業としての当社のステップ

「情報を扱い、どれだけ大きなムーブメントにできるか?」が大前提
- サービスの作り込み、売り上げ、内部統制の3つを推進
- 長崎市をスマートシティに（「ルートヴィレッジ」を発展させて日本のモデルケースに）

あとがき

ここまでお付き合いくださり、ありがとうございます。

創業当初無一文から始めて、無我夢中でやってきて、できることも増えてきました。私たちは、本気で社会を変えようと考えています。

江戸時代、日本が鎖国する中、長崎は唯一開かれていた場所でした。世界の最先端技術が出島に集まり、そこから日本中に広がっていったのです。

さらに日本で最初の株式会社である亀山社中（坂本龍馬が中心となり結成された貿易結社「海援隊」の前身）が結成され、明治時代になるとさまざまな産業革命を起こしたイノベーションの聖地となりました。

社会の発展に貢献してきた歴史とポテンシャルが長崎にはあります。

かつての長崎を現在に再現すべく新たなテクノロジーをこの地に集約させ、日本中、世界中に発信することで、社会の発展に貢献できればと日々活動に取り組んでいます。

「ルートヴィレッジ事業」について

ここ最近の、取り組みの一つを紹介します。

当社はルートヴィレッジというとてもユニークなプロジェクトを推進しています。ルートヴィレッジとは、ＳＤＧｓ※3推進を目的として開村されたスマートヴィレッジであり、長崎県内にある約１１０万㎡の敷地にオープンイノベーションのプラットフォームとして建設されました。

ルートヴィレッジでは「誰一人取り残さない」をスローガンに、ＳＤＧｓの支援を推進し、ＡＩ、ＩｏＴ、ロボティクス等の新技術の開発や実証を行っています。

似たようなプロジェクトとして、トヨタ自動車が推進する実証実験の未来都市「ウーブンシティ」があります。こちらはトヨタが主導しロボット・ＡＩ・自動運転・ＭａａＳ・パーソナルモビリティ・スマートホームといった先端技術を人々のリアルな生活環境の中に導入・検証できる実験都市を建設中です。

対してルートヴィレッジはＳＤＧｓとオープンイノベーションが軸にあるため、アドミン1社ではなく多くの企業が共に協業しイノベーションを起こします。あくまでアドミンはフィールドとコア技術を提供するプラットフォーマーとしての立ち位置です。

また、すべてのプロジェクトはＳＤＧｓのいずれかのゴール目標と連動しＳＤＧｓの支援を行います。

今後全国、全世界から住民を募ります。住人はクリエイター、エンジニア、起業家、学生、アーティスト、科学者など、さまざまな分野で募集し、ＳＤＧｓの17系統の目標に関連するさまざまなプロジェクトを推進します。

※3　ＳＤＧｓとは「Sustainable Development Goals（持続可能な開発目標）」の略称です。エス・ディー・ジーズと読みます。ＳＤＧｓは２０１５年９月の国連サミットで採択されたもので、国連加盟１９３ヶ国が２０１６年から２０３０年の15年間で達成するために掲げた、17の目標です。

アドミンでは約１１０万㎡（東京ドーム約24個分）という広大な敷地をフィールドに、４つのコア技術を提供します。

ルートヴィレッジのロゴマーク

ROOT VILLAGE

ROOT VILLAGE

root（根）をモチーフとしたロゴマーク。下部はしっかりと張られた「根」を表現し、上部の幹、枝、葉、果実を全部足すと合わせて17となります。こちらはSDGsのゴール目標へのアプローチを暗示しており、「根を強く張り持続可能な世界を育もう」というメッセージが込められています。

各種プロジェクト

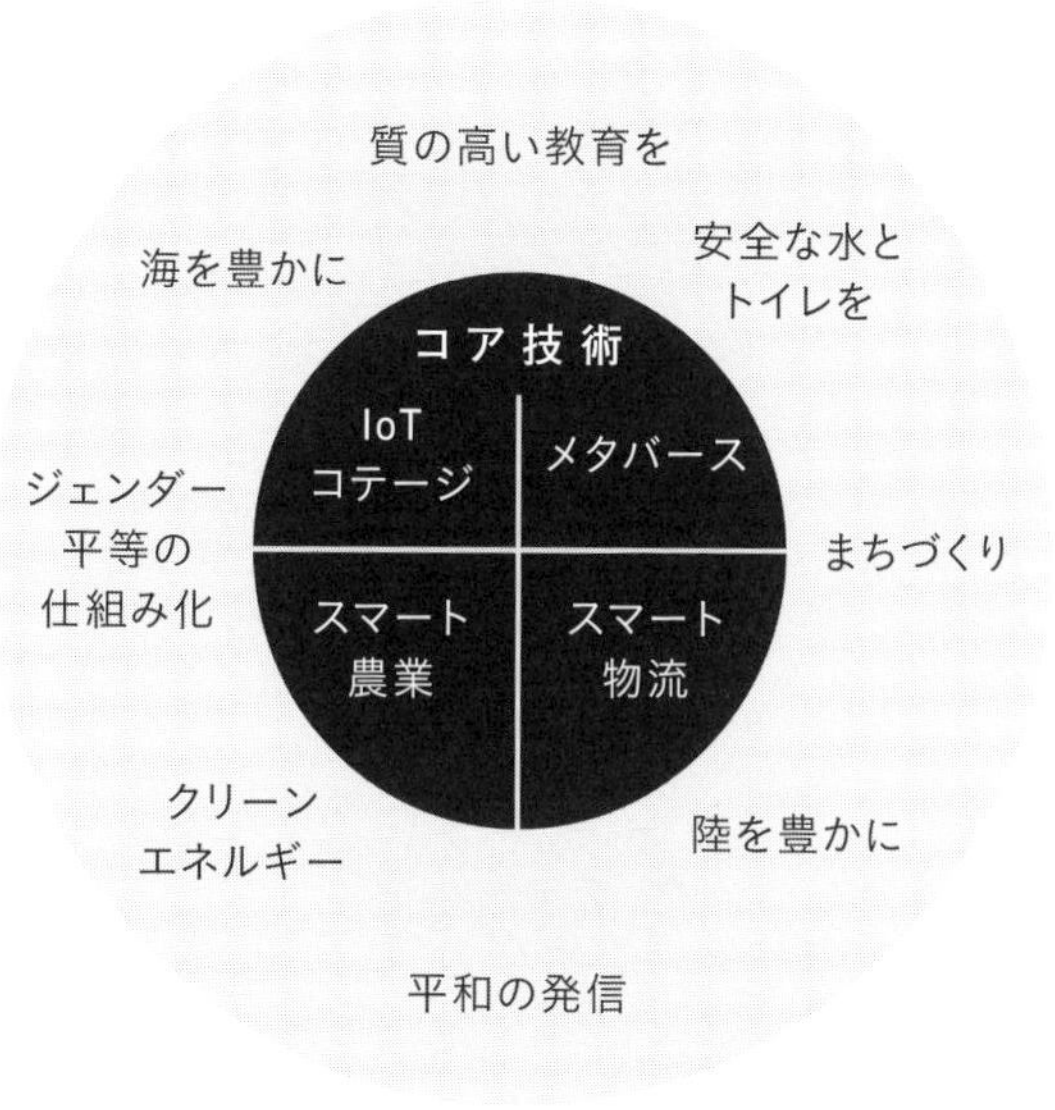

1　ＩoＴコテージ

小型コンピュータ「Raspberry Pi Zero」が内蔵されている低コストで建築可能なコテージです。ルートヴィレッジを支えるコア技術の一つであり、このコテージを量産することで村が構成されています。主に住居やゲストハウス、管理棟として活用されています。主な特徴として、太陽光発電システムやウォーターマネジメントシステムを搭載しており、カスタム次第ではスマート農業やスマート水産業との連動が可能です。

2　スマート農業

センサーやカメラを用いたモニタリングとＩｏＴ制御をはじめ、ドローンや巡回ロボットを用いて農業従事者を支援する取り組みを推進しています。

直近リリースを控えている「スマート水田」では遠隔地より水田の水位、気温、水温、溶存酸素、現地映像の確認や、給水システムの自動化・遠隔操作が可能であり、少ない労力で最適化された環境を実現できます。また地球温暖化の原因となるメタンガスの発生を抑え、水田が活きることにより気温も上昇を抑える効果も期待できるためＳＤＧｓ貢献度の高いプロジェクトです。

IoTコテージの外観

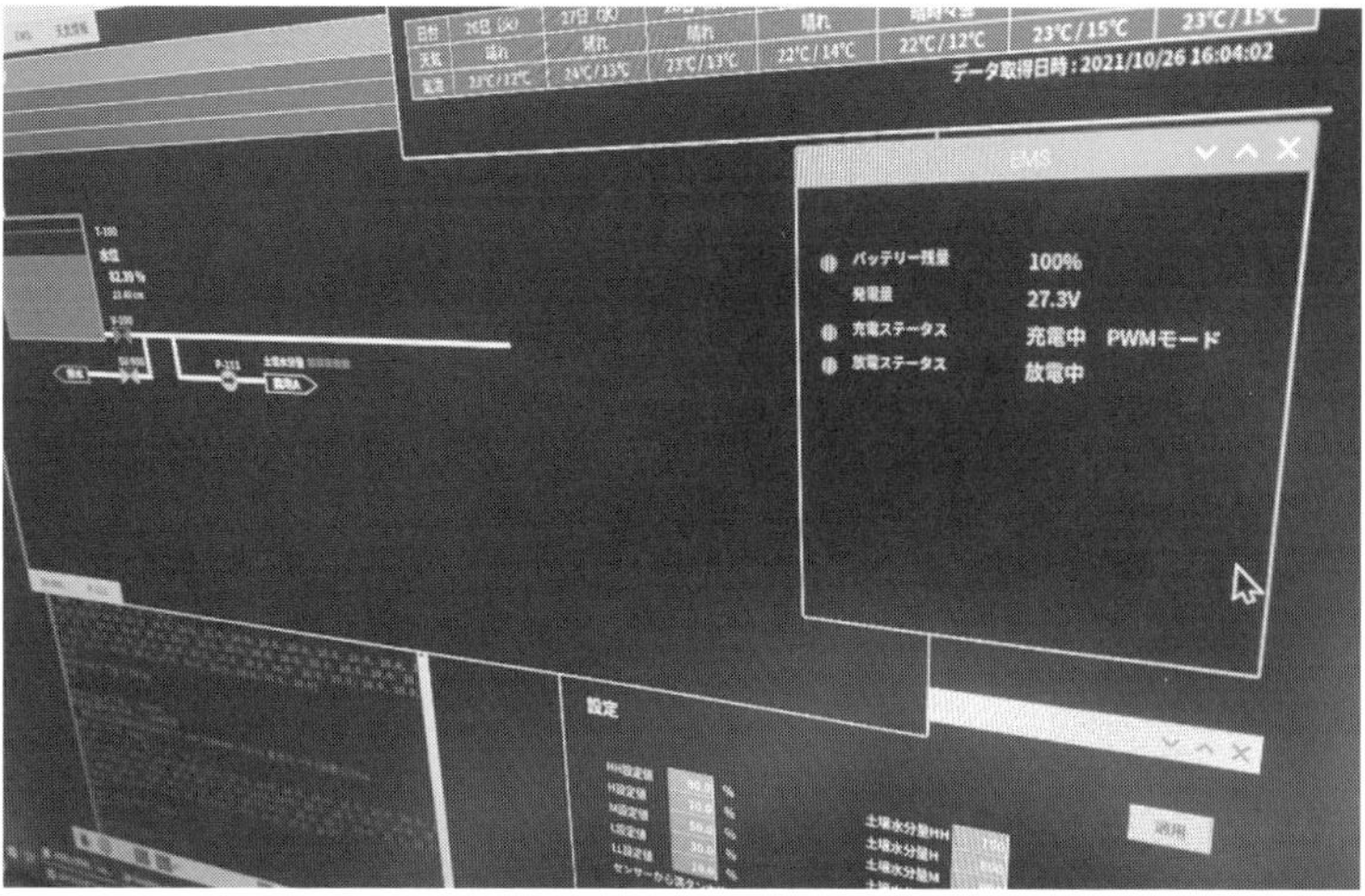

小型コンピュータ「Raspberry Pi Zero」で動く各種プログラム

3 スマート物流

ルートヴィレッジは現在、長崎県の1ヶ所のみに所在していますが、将来的には沖縄から北海道まで各地の放置山林を活用し、全国展開を行い物流網を構築します。アドミンではデジタル地図と車両向けマイクロコンピュータのソフトウェア開発実績があります。培ったノウハウを活かしてコンバージョンEV車を活用した物流システムの研究開発に着手しています。

4 メタバース

アドミン特有の技術の一つに「3次元シミュレータ」があります。3DCADでの設計物を基に、各種パーツをCGで再現。これらを仮想空間にロードし動作検証を行うソフトウェアです。開発スピードの向上やPR効果が期待できます。

ルートヴィレッジでは本プロジェクトをメタバース化しオープンイノベーションの推進を加速させます。

給水システム

センサーやモニタリングでスマート農業を実現

取得場所	項目	値	データ取得日時
センサー設備	水位	6.23 cm	2022-05-02 10:03:40
センサー設備	気温	16.75 ℃	2022-05-02 10:03:40
センサー設備	水温	16.812 ℃	2022-05-02 10:03:40
センサー設備	溶存酸素濃度	【開発中】	2022-05-02 10:03:40
給水設備	給水水温	4.25 ℃	2022-05-07 20:54:42
給水設備	給水状態	給水中	2022-05-07 20:54:42

操作箇所	現動作内容	操作		
給水設備	自動	自動	給水	断水

計測したデータ

オープンイノベーション事例

前述したとおり、アドミンはあくまでフィールドとコア技術を提供するプラットフォーマーとしての立ち位置です。この実証フィールドとコア技術を活用して、各団体や個人がＳＤＧｓ支援に向けて活動を行います。事例を一つ紹介します。

コオロギ養殖のＩｏＴ化

昆虫食のスタートアップ企業、BugsWell（バグズウェル）と食用コオロギの養殖に関するプロジェクトを推進しています。昆虫食は家畜と比べ飼育が容易で環境負荷も低く、タンパク質やビタミンなど栄養も豊富です。ＳＤＧｓの目標のひとつである「飢餓をゼロに」に貢献できるプロジェクトです。現在ルートヴィレッジにて温度、給餌、給水、抜け殻や糞の処理などを、センシング技術を用いて最適化する研究を行っています。

イノベーションの聖地として

ルートヴィレッジの住人は前述したＩｏＴコテージやスマート農業・物流の恩恵により、家賃・水道・光熱費、食費をゼロにすることが可能となります。これによりイノベーションを起こすことに専念できる環境を作ることが狙いです。

私自身20代においては借金返済と生活費、事業費の支払いにひたすら追われ続け、夜間から朝方にかけバーでの仕事を掛け持ちし、過重労働生活を送っていました。サイバー企業やルートヴィレッジのようなクリエイティブな取り組みができたのはここ近年の話です。

その10年の経験ももちろん無駄ではないですが、掲げているビジョンの本質とはズレているためできれば本業に特化するのが理想でした。これまでの経験から次世代の起業家がお金のことを気にせずクリエイティブな活動に専念できるインフラを作りたいという願いが私自身あります。

シリコンバレーを代表するApple社やGoogle社も元は家のガレージや書庫で起業しました。スタートアップにおいて事務所・車・服装・ステータス等お高くとまる必要はまったくありません。事業の本質にフォーカスし日々の活動ができる「イノベーションの聖地」としてプラットフォームづくりを目指します。

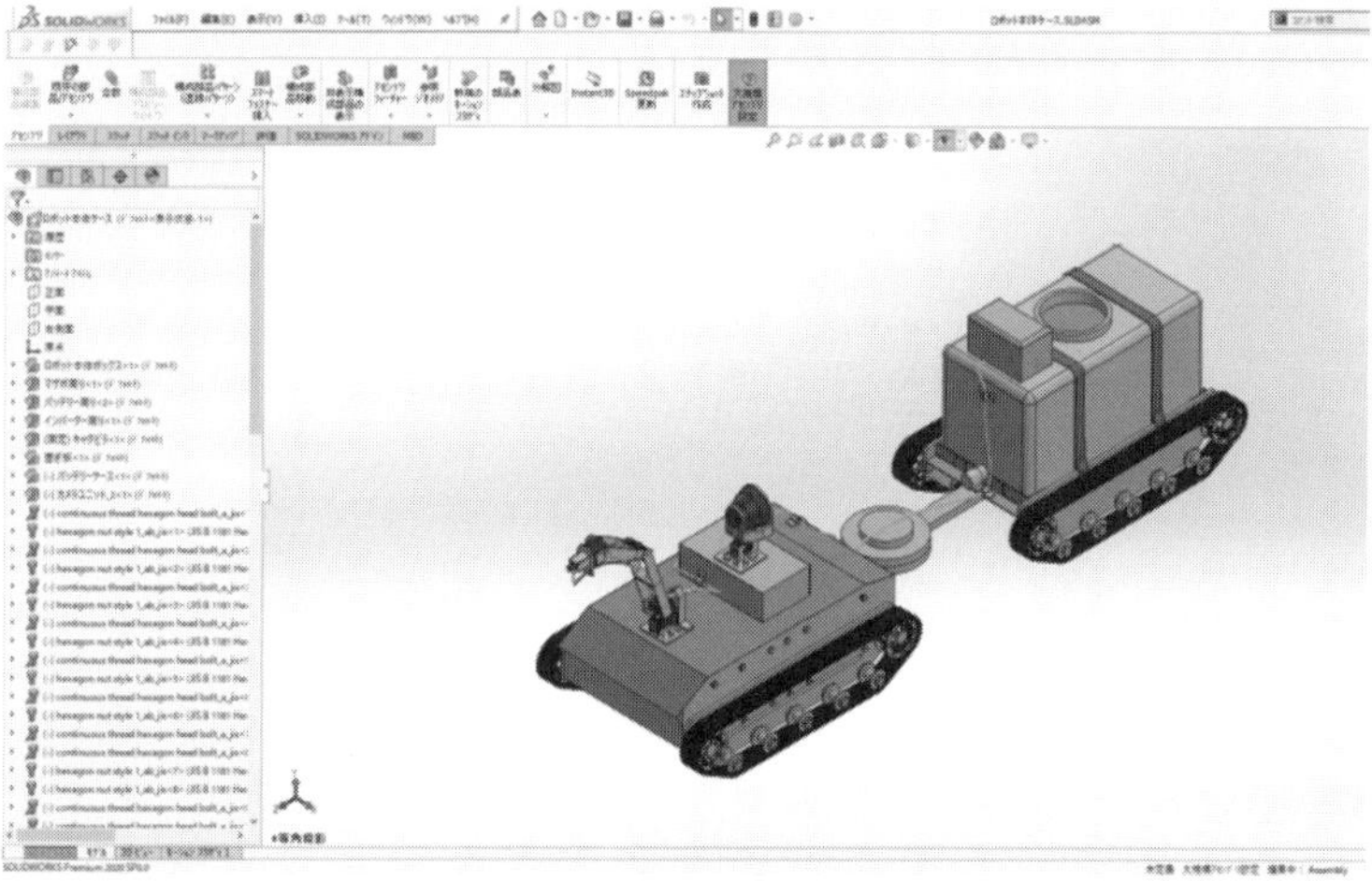

CADデータ

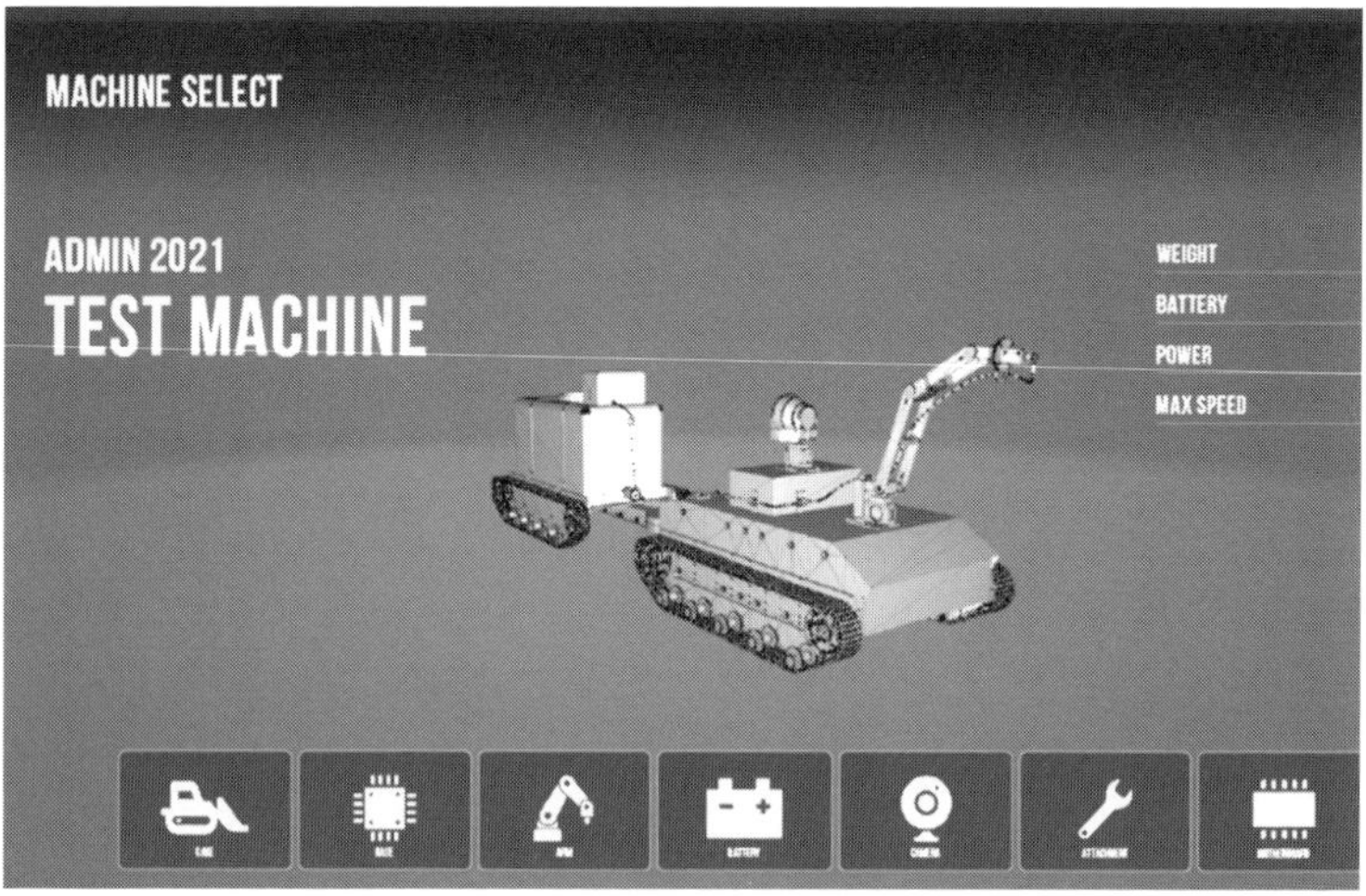

バッテリーやモーターなどの電子部品をセッティング

3次元シュミレータ

仮想空間上でのソフトウェア開発風景。シミュレータ上で開発したソフトウェアはそのまま実機での活用が可能

「誰一人取り残さない」ために、本気でSGDsに取り組む

SDGsのスローガンに「誰一人取り残さない」というものがあります。各社がこぞって取り組みを発信し、各社の社員はSGDsバッチを胸につけてSDGs支援をアピールしています。

しかし、本当に心から持続可能な世界を作ろうと志している人はどれだけいるでしょうか？

私は障害者や養護を要する児童および施設の卒業生、貧困層、難民等の社会的弱者に寄り添いSDGsの支援に本気で臨みます。

社会への恩返しを含めて、アドミンとして先陣を切っていきたい、それがサイバー企業としての大事な業務の一面です。

お客様や同じ志を持つ方々と話しながら、人との絆を大切にしつつ、テクノロジーを広げていきたい——。

この本を書いた理由に、そういう人の繋がりを求めてきたからということがあります。

これから一緒に、社会を変えていきませんか？

DX を成功《せいこう》させるサイバー企業戦略《きぎょうせんりゃく》

2023 年 2 月 6 日　初版第 1 刷

著　者 ―――――――――― 山口知宏《やまぐちともひろ》
発行者 ―――――――――― 松島一樹
発行所 ―――――――――― 現代書林
〒162-0053　東京都新宿区原町3-61　桂ビル
TEL／代表　03(3205)8384
振替00140-7-42905
http://www.gendaishorin.co.jp/
ブックデザイン・図表 ―――― 岩永香穂(MOAI)
編集協力 ――――――――― 来栖美憂・堺ひろみ

印刷・製本：広研印刷(株)
乱丁・落丁本はお取り替えいたします。

定価はカバーに
表示してあります。

ISBN978-4-7745-1957-9 C0034